W0034384

O SCHÖNER, GRÜNER WALD

O schöner, grüner Wald

Ein Lesespaziergang

HERAUSGEGEBEN
VON IRIS SCHÜRMANN-MOCK

In den Wäldern sind Dinge,
über die nachzudenken man jahrelang
im Moos liegen könnte.
FRANZ KAFKA

VORBEMERKUNG

»Der Engländer sah sich gern auf dem Meer, der Deutsche sah sich gern im Wald«, heißt es in einem philosophischen Werk Elias Canettis. In keinem anderen modernen Land, schrieb er, sei das »Waldgefühl« so lebendig geblieben. Und tatsächlich haben viele Deutsche eine besondere Beziehung zu ihrem Wald. Hier siedeln sie den Beginn ihrer Geschichte an, hier finden sie eine Heimat für ihre Träume, hierher kommen sie, wenn ihre Seele, wie Erich Kästner schrieb, »vom Pflastertreten krumm« geworden ist.

Der Wald ist ein Ort, den die Menschen lieben und zugleich fürchten. Er wird erwandert, bewirtschaftet und geschützt. Vor allem aber wird er beschrieben, besungen und bedichtet in Geschichten und Gedichten, Fabeln und Rätseln und dazu in Hunderten von Märchen, die ein erstes Bild vom Wald schon in den Köpfen und Herzen der Allerkleinsten entstehen lassen, ein Bild, das sie ihr ganzes Leben mit sich tragen. Einige dieser zahllosen Texte zeigen in diesem Buch die vielen Facetten des Waldes, die märchenhaften wie die nützlichen, die sinnenfrohen wie die unheimlichen. Die Märchen der Brüder Grimm haben hier ebenso ihren Platz wie Eichendorffs, Heines oder Mörikes romantische Gedichte, Fontanes stimmungsvolle Landschaftsbeschreibungen oder Morgensterns gereimte Wortspiele. Reisebriefe stehen neben Sprichwörtern, Erzählungen, Fabeln, Sachtexten, Statistiken.

Tiefer noch führen die Bilder in den Wald hinein. Caspar David Friedrichs stille Betrachtungen und die manchmal nur vordergründig heiteren Szenen von Carl Spitzweg, die Schwarz-Weiß-Idyllen alter Postkarten oder die rätselhaften Detailfotografien von Susanne Maria Lang – sie alle laden ein, Vertrautes wiederzufinden oder aus anderen Blickwinkeln zu sehen und gleichzeitig Neues zu entdecken. Und sie wecken Erinnerungen. An Sonnenstrahlen, die als schimmernde Bahnen durch die Blätter fallen. An den Duft von Nadeln und Pilzen und süß faulenden Beeren. An die Stille, die nirgends tiefer ist als hier. Mit den Erinnerungen kommt die Sehnsucht, in diese Stille zurückzukehren und darin selbst ruhig zu werden.

IRIS SCHÜRMANN-MOCK

JETZT REDE DU!

Du warest mir ein täglich Wanderziel,
Vielieber Wald, in dumpfen Jugendtagen,
Ich hatte dir geträumten Glücks so viel
Anzuvertraun, so wahren Schmerz zu klagen.

Und wieder such ich dich, du dunkler Hort,
Und deines Wipfelmeers gewaltig Rauschen –
Jetzt rede du! Ich lasse dir das Wort!
Verstummt ist Klag und Jubel. Ich will lauschen.

CONRAD FERDINAND MEYER

WALD, M. SILVA

unter wald versteht man jetzt eine größere, dicht mit hochstämmigem holz, das aber mit niederholz untermischt sein kann, bestandene fläche. wald unterscheidet sich so von dem einen geringeren umfang habenden hain, wo die bäume auch weiter auseinanderzustehen pflegen (…), und dem aus niederholz bestehenden gebüsch. die gewöhnliche sprache hält aber diese unterscheidungen nicht immer ein. im mittelalter wird wald vorwiegend als gemeinbesitz einer markgenossenschaft angesehen, so dass wald selbst gleichbedeutend mit mark steht (…), er bildet so den gegensatz zum forst, der dem gemeinbesitz entzogen ist und sich im besitz eines herrn befindet, (…) damit verbindet sich das merkmal einer sorgfältigen kultur, der der gemeindewald, in den zur herbstzeit die schweine zur mastung getrieben wurden, gewöhnlich entbehrte. (…)

LINKS »Der Wald, der Wald, dass Gott ihn grün erhalt«, schrieb Eichendorff über den Sehnsuchtsort der Deutschen. Das Gemälde zeigt einen Eichenwald.

unterschieden wird namentlich zwischen dem hochstämmigen, aus samen gezogenen hochwald und dem niederwald, wo der nachwuchs durch den ausschlag der stöcke oder wurzeln erlangt wird (…). nach den angepflanzten bäumen wird zwischen nadelwald und laubwald unterschieden, früher auch als schwarzer und weißer wald bezeichnet (…).

der gefühlswert des wortes hat sich im lauf der zeit stark verändert. im mittelalter gilt der wald als ein unwirtlicher ort, wo wilde tiere und böse geister ihr wesen treiben, wo der mensch aber nicht gerne weilt . (…) es galt darum im mittelalter als eine starke verwünschung, wenn man jemand in den wald wünschte. allmählich verlor der wald, der ungeheuren rodungen anheimfiel, seine schrecken und je mehr man in Deutschland zu einer lebensweise überging, bei der viele menschen dichtgedrängt nebeneinander wohnen mussten, desto mehr regt sich die freude an der freiheit und ungebundenheit, der stille und schönheit des waldes. (…) besonders waren die romantiker für die reize und die poesie des waldes empfänglich und haben allen stimmungen, die der wald im deutschen gemüt hervorruft, ausdruck gegeben.

DEUTSCHES WÖRTERBUCH *von Jacob Grimm und Wilhelm Grimm*

Es gibt niemanden in diesem Germanien, der sagen könnte, er sei bis ans Ende jenes Waldes gekommen, auch wenn er ein Stück von sechzig Tagen zurückgelegt hätte.

JULIUS CÄSAR

SPRICHWÖRTER UND REDENSARTEN

Wie man in den Wald hineinruft, so schallt es heraus:
Wie man redet oder handelt, so fällt die Reaktion aus.

Den Wald vor lauter Bäumen nicht sehen:
Etwas übersehen, das sich unmittelbar vor einem befindet.
Etwas Naheliegendes nicht erkennen.

Im Wald aufgewachsen sein (Du bist wohl im Wald
aufgewachsen? Oder: Sind wir hier im Wald?):
Kein gutes Benehmen haben.

Einen ganzen Wald absägen:
Sehr laut schnarchen.

SONNENAUFGANG AM DONNERSBERG

Der Mond war blutrot am Himmel untergegangen. Wir näherten
uns im ersten Morgenduft den Waldhöhen, welche sich rings um
den Fuß des Donnersbergs lagern. Schon begleitete uns, noch halb
im Dunkel der Nacht, der Gesang der Waldvögel aus den hohen,
prächtigen Bäumen. Alles Leben erwachte im Strom der erfri-

schenden Morgenluft und der ersten Strahlen des noch
verborgenen Sonnenlichts. Endlich gelangten wir, immer bergan ziehend, zum Fuß des eigentlich so be-
nannten Donnersberges. Zum ersten Mal konnten wir
nun diesen hohen, langen Bergrücken, über und über

OBEN *Caspar David
Friedrichs Gemälde* Riesengebirge (vor Sonnen-
aufgang) *fängt eine
Morgenstimmung ein.*

mit herrlichem Laubwalde bedeckt, in der Nähe betrachten. Die Sonne war ihrem Aufgange nah und die Beleuchtung hohe Ahnung erweckend, ungefähr wie Du sie auf Deinem Morgenland-schäftchen flüchtig, aber mit vielem Gefühl und Ahnung der Herrlichkeit der Natur auszudrücken versuchtest. Wir Männer stiegen aus, ließen die Wagen mit den Frauenzimmern auf dem trefflichen Bergweg hinter uns herziehen, verdoppelten unsre Schritte und waren in dem Moment auf dem Gipfel, als eben der glühende Rand der Sonne am östlichen Horizonte erschien. Glühend rot stieg sie in den Nebeln herauf und ward von den einen still, von den andern mit lautem Ausruf begrüßet.

KARL MAYER

In dem Walde sprießt und grünt es
Fast jungfräulich lustbeklommen;
Doch die Sonne lacht herunter:
Junger Frühling, sei willkommen!

Nachtigall! auch dich schon hör ich,
Wie du flötest seligtrübe,
Schluchzend langgezogne Töne,
Und dein Lied ist lauter Liebe!

HEINRICH HEINE

DIE WÄLDER SCHWEIGEN

Die Jahreszeiten wandern durch die Wälder.
Man sieht es nicht. Man liest es nur im Blatt.
Die Jahreszeiten strolchen durch die Felder.
Man zählt die Tage. Und man zählt die Gelder.
Man sehnt sich fort aus dem Geschrei der Stadt.

Das Dächermeer schlägt ziegelrote Wellen.
Die Luft ist dick und wie aus grauem Tuch.

Man träumt von Äckern und von Pferdeställen.
Man träumt von grünen Teichen und Forellen.
Und möchte in die Stille zu Besuch.

Die Seele wird vom Pflastertreten krumm.
Mit Bäumen kann man wie mit Brüdern reden
und tauscht bei ihnen seine Seele um.
Die Wälder schweigen. Doch sie sind nicht stumm.
Und wer auch kommen mag, sie trösten jeden.

OBEN *Hexenkraut
und Gänseblümchen,
Löwenzahn und Akelei –
ein Blumenteppich ist die
Waldwiese auf dem gleich-
namigen Bild von Hans
Thoma.*

Man flieht aus den Büros und den Fabriken.
Wohin, ist gleich! Die Erde ist ja rund!
Dort, wo die Gräser wie Bekannte nicken
und wo die Spinnen seidne Strümpfe stricken,
wird man gesund.

ERICH KÄSTNER

ALLERLEI WÄLDER

Auwald

In Deutschland gibt es nur noch wenige Auwälder entlang von Bächen und Flüssen. Die meisten wurden abgeholzt und in Weideflächen umgewandelt. Einer der größten in Mitteleuropa ist der Leipziger Auwald, in dem vorwiegend Eschen, Eichen und Ahorne wachsen. Im Frühjahr ist der Boden von einem Blumenmeer bedeckt. Scharbockskraut, Schlüsselblume und seltene Pflanzen wie der Märzenbecher sind hier beheimatet.

Eine Postkarte zeigt die Schönheit der Auenlandschaft bei Lehde im Spreewald. Bis 1929 war der Ort nur über das Wasser erreichbar.

Bannwald

»Dieser Wald soll sich ungestört zum Urwald von morgen entwickeln. Er dient außerdem als wissenschaftliche Beobachtungsfläche für die Urwaldforschung«, heißt es auf einem Schild in einem baden-württembergischen Bannwald. Früher stand der Begriff für Wälder, die nur der Landesherr nutzen durfte. Heute werden damit meist Reservate bezeichnet, die als ganze Fläche erhalten werden müssen und je nach Landeswaldgesetz nur eingeschränkt genutzt werden dürfen.

Generationenwald

Zur Erinnerung an die Geburt seines Enkels pflanzte ein Frankfurter Bürger Mitte des 18. Jahrhunderts einen Birnbaum in seinen »wohlgepflegten Garten vor dem Bockenheimer Tor«. Der Enkel war Johann Wolfgang Goethe, der sein ganzes Leben lang ein persönliches Verhältnis zu Bäumen hatte.

Blatt, Blüte und Frucht eines Spitzahorns, eine typische Baumart in Auwäldern. Der Ahorn soll vor vielerlei Unannehmlichkeiten wie Blitzschlag schützen.

In jüngerer Zeit haben sich viele Menschen auf den alten Brauch besonnen, zu besonderen Anlässen wie der Hochzeit oder der Geburt eines Kindes einen Baum zu pflanzen, und zwar nicht nur im eigenen Garten, sondern gemeinsam mit anderen auf öffentlichen Flächen. So entstehen immer mehr Hochzeits-, Kindheits-, Geburtstags-, Nachbarschafts- und Generationenwälder.

Hoch- und Niederwald

Die Bezeichnungen sind missverständlich, da sie mit hohem oder niedrigem Wuchs nicht unbedingt zu tun haben. Es handelt sich dabei um Laubwälder, die in forstlicher Hinsicht unterschiedlich behandelt werden. Hochwälder werden ausschließlich durch natürliche Verjüngung, Pflanzung oder Saat erneuert. In Niederwäldern werden dagegen Bäume gefällt, und aus ihren Wurzelstöcken schlagen neue Triebe aus, die sich schnell und kräftig entwickeln.

1739 weideten etwa im hessischen Reinhardswald 5458 Schweine sowie Tausende von Pferden, Schafen, Rindern und Ziegen.

Hutewald oder Huten

Bis ins 17. Jahrhundert war es üblich, das Vieh – vor allem Schweine und Rinder – zum Weiden in den Wald zu treiben. Die Tiere weideten das Unterholz ab und ernährten sich vorwiegend von Bucheckern und Eicheln. Diese Bewirtschaftung führte zu lichten Hainen mit mächtigen Eichen und alten Buchen. Nur wenige Hutewälder sind in Deutschland erhalten, so zum Beispiel im Spessart oder nahe der Sababurg bei Kassel oder auch im Naturpark Kellerwald-Edersee.

Urwald

Als Urwälder werden Gebiete bezeichnet, die ohne menschliche Eingriffe urtümlich wachsen. In Europa sind sie weitgehend verschwunden. In Deutschland gibt es nur noch kleine urwaldähnliche Flächen, etwa die alten Rotbuchenwälder im Herzen des Nationalparks Hainich im Thüringer Wald, die seit einem halben Jahrhundert nicht mehr genutzt werden.

HARFENKLÄNGE IN DER VOLLMONDNACHT

Oder noch märchenhafter war es, wenn eine schöne Vollmondnacht über dem ungeheuren dunklen Schlummerkissen des Waldes stand, und leise, dass nichts erwache, die weißen Traumkörner ihres Lichtes darauf niederfallen ließ, und nun Clarissens Harfe plötzlich ertönte – man wusste nicht woher, denn das lichtgraue Haus lag auf diesen großen Massen nur wie ein silberner Punkt – und wenn die leichten einzelnen Töne wie ein süßer Pulsschlag durch die schlafende Mitternachtluft gingen, die weithin glänzend, elektrisch, unbeweglich auf den weiten schwarzen Forsten lag: so war es nicht anders, als ginge sachte ein neues Fühlen durch den ganzen Wald, und die Töne waren, als rühre er hie und da ein klingend

Glied, – das Reh trat heraus, die schlummernden Vögel nickten auf ihren Zweigen und träumten von neuen Himmelsmelodien, die sie morgen nicht werden singen können, – und das Echo versuchte sogleich das goldne Rätsel nachzulallen. – – Und als die Harfe längst schwieg, das schöne Haupt schon auf seinem Kissen ruhte – – horchte noch die Nacht; der senkrecht stehende Vollmond hing lange Strahlen in die Fichtenzweige und säumte das Wasser mit stummen Blitzen – indessen ging die Wucht und Wölbung der Erde, unempfunden und ungehört von ihren Bewohnern, stürmend dem Osten zu – der Mond wurde gegen Westen geschleudert, die alten Sterne mit, neue zogen im Osten auf – – – und so immer fort, bis endlich mitten unter ihnen am Waldrande ein blasser milchiger Lichtstreifen aufblühte – ein frisches Lüftchen an die Wipfel stieß – und der erste Morgenschrei aus der Kehle eines Vogels drang! – – –

ADALBERT STIFTER

Mann und Frau, versunken in den Anblick des Mondes – für den romantischen Maler Caspar David Friedrich war Naturbetrachtung immer eine Begegnung mit dem Göttlichen.

WO ICH WOHNE

Zusammengerollt
Unter einem Blatt an einem Regentag.
Es tropft und rinnt
Ich bleibe trocken.

In einer Wolke
Sehr hell im Schiefergrau
Bin ich einverstanden
Mit mir und dem Himmel.

Zwischen den Wurzeln
Einer Eiche tief im Wald
Wachse auch ich
Nichts kann mich vertreiben.

Im Gräsernest
Gewiegt vom Sommerwind
Lasse ich den Tag
Die Nacht das Leben zu.

Immer bin ich
Gerade erst angekommen
Und vielleicht nie
Wirklich zu Hause.

ILKA SOKOLOWSKI

SEE UND WALD

Ausgestreckt am Hügelabhang, den Wald zu Häupten, den See zu
Füßen, so träumst du hier, bis die wachsende Stille dich erschreckt.
Mit angespannten Sinnen lauschest du, ob nicht doch vielleicht ein
Laut zu dir herüberklinge, und endlich hörst du die Rätselmusik
der Einsamkeit. Der See liegt glatt und sonnenbeschienen vor dir,
aber es ruft aus ihm, die Bäume rühren sich nicht, aber es zieht

durch sie hin, aus dem Walde klingt es, als würden Geigen gestrichen, und nun schweigt es und ein fernes, fernes Läuten beginnt. Ist es Täuschung, oder ist es mehr? Ein wachsendes Bangen kommt über dich, bis plötzlich das Klappern der Mühle wieder anhebt und der schrille Ton der Säge den Mittagszauber zerreißt.

THEODOR FONTANE

Theodor Fontane beschrieb die Einsamkeit eines märkischen Sees. Dreißig Jahre durchwanderte er die Mark Brandenburg und fand sie reicher, »als ich zu hoffen gewagt hatte«.

AN J.M.

Unter die Eiche gestreckt, im jung belaubten Gehölze
  Lag ich, ein Büchlein vor mir, das mir das lieblichste bleibt.
Alle die Märchen erzählts, von der Gänsemagd und vom Machandel-
  Baum und des Fischers Frau; wahrlich man wird sie nicht satt.
Grünlicher Maienschein warf mir die geringelten Lichter
  Auf das beschattete Buch, neckische Bilder zum Text.
Schläge der Holzaxt hört ich von fern, ich hörte den Kukuk,
  Und das Gelispel des Bachs wenige Schritte vor mir.
Märchenhaft fühlt ich mich selbst, mit aufgeschlossenen Sinnen
  Sah ich, wie helle! den Wald, rief mir der Kukuk, wie fremd!
Plötzlich da rauscht es im Laub, – wird doch Sneewittchen nicht kommen,
  Oder, bezaubert, ein Reh? Nicht doch, kein Wunder geschieht.
Siehe, mein Nachbarskind aus dem Dorf, mein artiges Schätzchen!
  Müßig lief es in Wald, weil es den Vater dort weiß.
Ehrbar setzet es sich an meine Seite, vertraulich
  Plaudern wir dieses und das, und ich erzähle sofort
Gar ausführlich die Leiden des unvergleichlichen Mädchens,

Welchem der Tod dreimal, ach, durch die Mutter gedroht.
Denn die eitle, die Königin, hasste sie, weil sie so schön war,
  Grimmig, da musste sie fliehn, wohnte bei Zwergen sich ein.
Aber die Königin findet sie bald; sie klopfet am Hause,
  Bietet, als Krämerin, schlau, lockende Ware zu Kauf.
Arglos öffnet das Kind, den Rat der Zwerge vergessend,
  Und das Liebchen empfängt, weh! den vergifteten Kamm.

Welch ein Jammer, da nun die Kleinen nach Hause gekehrt sind!
    Welcher Künste bedarfs, bis die Erstarrte erwacht!
Doch zum zweiten Mal kommt, zum dritten Male, verkleidet,
    Kommt die Verderberin, leicht hat sie das Mädchen beschwatzt,
Schnürt in das zierliche Leibchen sie ein, den Atem erstickend
    In dem Busen; zuletzt bringt sie die tödliche Frucht.
Nun ist alle Hilfe umsonst; wie weinen die Zwerge!
    Ein kristallener Sarg schließet die Ärmste nun ein,
Frei gestellt auf den Berg, ein Anblick allen Gestirnen;
    Unverwelklich ruht innen die süße Gestalt.
– So weit war ich gekommen, da drang aus dem nächsten Gebüsche
    Hinter mir Nachtigallschlag herrlich auf einmal hervor,
Troff wie Honig durch das Gezweig und sprühte wie Feuer
    Zackige Töne; mir traf freudig ein Schauer das Herz,
Wie wenn der Göttinnen eine, vorüberfliehend, dem Dichter
    Durch ambrosischen Duft ihre Begegnung verrät.
Leider verstummte die Sängerin bald, ich horchte noch lange,
    Doch vergeblich, und so bracht ich mein Märchen zum Schluss. –
Jetzo deutet das Kind und ruft: »Margrete! da kommt sie
    Schon! In dem Korb, siehst du, bringt sie dem Vater die Milch!«
Und durch die Lücke sogleich erkenn ich die ältere Schwester;
    Von der Wiese herauf beugt nach dem Walde sie ein,
Rüstig, die bräunliche Dirne; ihr brennt auf der Wange der Mittag;
    Gern erschreckten wir sie, aber sie grüßet bereits.
»Haltets mit, wenn Ihr mögt! es ist heiß, da misst man die Suppe
    Und den Braten zur Not, fett ist und kühle mein Mahl.«
Und ich sträubte mich nicht, wir folgten dem Schalle der Holzaxt;
    Statt des Kindes wie gern hätt ich die Schwester geführt!

Freund! du ehrest die Muse, die jene Märchen vor alters
    Wohl zu Tausenden sang; aber nun schweiget sie längst,
Die am Winterkamin, bei der Schnitzbank oder am Webstuhl
    Dichtendem Volkswitz oft köstliche Nahrung gereicht.
Ihr Feld ist das Unmögliche; keck, leichtfertig verknüpft sie
    Jedes Entfernteste, reicht lustig dem Blöden den Preis.
Sind drei Wünsche erlaubt, ihr Held wird das Albernste wählen;
    Ihr zu Ehren sei dir nun das Geständnis getan,
Wie an der Seite der Dirne, der vielgesprächigen, leise

Im bewegten Gemüt brünstig der Wunsch mich beschlich:
Wär ich ein Jäger, ein Hirt, wär ich ein Bauer geboren,
Trüg ich Knüttel und Beil, wärst, Margarete, mein Weib!
Nie da beklagt ich die Hitze des Tags, ich wollte mich herzlich
Auch der rauheren Kost, wenn *du* sie brächtest, erfreun.
O wie herrlich begegnete jeglichen Morgen die Sonne
Mir, und das Abendrot über dem reifenden Feld!
Balsam würde mein Blut im frischen Kusse des Weibes,
Kraftvoll blühte mein Haus, doppelt, in Kindern empor.
Aber im Winter, zu Nacht, wenn es schneit und stöbert, am Ofen,
Rief' ich, o Muse, dich auch, märchenerfindende, an!

EDUARD MÖRIKE

BLUMENKIND

Er kam auf einen freien Platz im Walde, und plötzlich stand er still. Er wusste selbst nicht, warum er innehielt, er verweilte, um darüber nachzudenken. Ihm war, als habe er sich hier auf etwas zu besinnen, das ihm so lieb, so unaussprechlich teuer gewesen sei; jede Blume im Grase nickte so freundlich, als wenn sie ihm auf seine Erinnerungen helfen wollte. »Es ist hier, gewisslich hier!«, sagte er zu sich selber und suchte emsig nach dem glänzenden Bilde, das wie von schwarzen Wolken in seiner innersten Seele zurückgehalten wurde. Mit einem Male brachen ihm die Tränen aus den Augen, er hörte vom Felde herüber eine einsame Schalmei eines Schäfers, und nun wusste er alles. Als Knabe von sechs Jahren war er hier im Walde gegangen, auf diesem Platze hatte er Blumen gesucht, ein Wagen kam dahergefahren und hielt still, eine Frau stieg ab und hob ein Kind herunter, und beide gingen auf dem grünen Plane hin und her, dem kleinen Franz vorüber. Das Kind, ein liebliches blondes Mädchen, kam zu ihm und bat um seine Blumen, er schenkte sie ihr alle, ohne selbst seine

RECHTS *Heiter und anmutig ließ Carl Spitzweg zwei Kinder durch einen idyllischen Wald laufen. Licht fällt auf den Weg: Der Spätromantiker malte am liebsten schönes Wetter.*

Lieblinge zurückzubehalten, indes ein alter Diener auf einem Waldhorne blies und Töne hervorbrachte, die dem jungen Franz damals äußerst wunderbar in das Ohr erklangen. So verging eine geraume Zeit, indem er das volle Antlitz des Kindes betrachtete, das ihn wie ein voller Mond anschaute und anlächelte: dann fuhren die Fremden wieder fort, und er erwachte wie aus einem Entzücken zu sich und den gewöhnlichen Empfindungen, den gewöhnlichen Spielen, dem gewöhnlichen Leben von einem Tage zum andern hinüber. Dazwischen klangen immer die holden Waldhornstöne in seine Existenz hinein und vor ihm stand glühend und blühend das holde Angesicht des Kindes, dem er seine Blumen geschenkt hatte, nach denen er im Schlummer oft die Hände ausstreckte, weil ihn dünkte, das Mädchen neige sich über ihn, sie ihm zurückzugeben. Er wusste und begriff nicht, warum ihm dieser Augenblick seines Lebens so wichtig und glänzend war, aber alles Liebe und Holde entlehnte er von dieser Kindergestalt, alles Schöne, was er sah, trug er in des Mädchens Bild hinüber: wenn er von Engeln hörte, glaubte er einen zu kennen und sich von ihm gekannt, er war es überzeugt, dass die Feldblumen einst ein Erkennungszeichen zwischen ihnen beiden sein würden.

LUDWIG TIECK

DER WALD ALS NAMENGEBER

Adelwald, Adiwald, Aedelwald, Agilwald, Aginwald, Agiwald, Answald, Arnwald, Berhtwald, Bernwald, Bertwald, Bodewald, Bodowald, Bodwald, Brihtwald, Brunwald, Burgwald, Chlodowald, Detwald, Dewald, Dietwald, Donewald, Edelwald, Einwald, Erwald, Ewald, Ewalda, Ewaldt, Fridwald, Friedwald, Frowald, Gerwald, Godewald, Gottwald, Hanswaldemar, Heinzwald, Helmwald, Herwald, Hunwald, Huwald, Ingwald, Inwalde, Margwald, Marwald, Ortwald, Oswald, Oswalda, Oswaldo, Oswaldus, Ottwald, Otwald, Reinwald, Rochwald, Rodewald, Romwald, Rowald, Rudiwald, Rudwald, Ruwald, Siegwald, Sigwald, Teowald, Thewald, Thorwald, Thorwalde, Thorwaldt, Tornwald, Torwald, Wald, Walda, Waldburga, Waldebert, Waldeberta, Waldeck, Waldefried, Waldegund, Waldegunde, Waldek, Waldemann, Waldemar, Waldemir, Walder, Waldermar, Waldetrud, Waldfred, Waldfried, Waldfrieda, Waldgard, Waldhild, Waldhilde, Waldi, Waldimir, Waldina, Waldine, Waldir, Waldis, Waldiva, Waldker, Waldlieb, Waldmann, Waldmar, Waldo, Waldomar, Waldrada, Waldrauth, Waldraut, Waldtraud, Waldtraut, Waldtrude, Waldy

ABSCHIED

O Täler weit, o Höhen,
O schöner, grüner Wald,
Du meiner Lust und Wehen
Andächtger Aufenthalt!
Da draußen, stets betrogen,
Saust die geschäfte Welt,
Schlag noch einmal die Bogen
Um mich, du grünes Zelt!

Wenn es beginnt zu tagen,
Die Erde dampft und blinkt,
Die Vögel lustig schlagen,
Dass dir dein Herz erklingt:

Da mag vergehn, verwehen
Das trübe Erdenleid,
Da sollst du auferstehen
In junger Herrlichkeit!

Da steht im Wald geschrieben
Ein stilles, ernstes Wort
Von rechtem Tun und Lieben,
Und was des Menschen Hort.
Ich habe treu gelesen
Die Worte, schlicht und wahr,
Und durch mein ganzes Wesen
Wards unaussprechlich klar.

JOSEPH VON EICHENDORFF

GRUSS AN GOETHE

Wie bequem ists, wie lieblich, an Dich zu
denken, unter diesem Dach von Tannen und Birken, die den heißen Mittag in hoher Ferne halten, die schweren Tannzapfen glänzen und funkeln
mit ihrem Harze wie tausend kleine
Tagessterne, machens da droben nur
noch heißer und hier unten kühler.
Der blaue Himmel deckt mein ho-
hes enges Haus, da mess ich denn
rücklings seine Ferne, wie er un-
erreichbar scheint, doch trug
mancher Mensch den Himmel
schon in der Brust; ist mir doch,
als hab ich auch ihn in mir festge-
halten, einen Augenblick, diesen
weitgedehnten, über Berg und Tal
hinziehenden.

BETTINA VON ARNIM

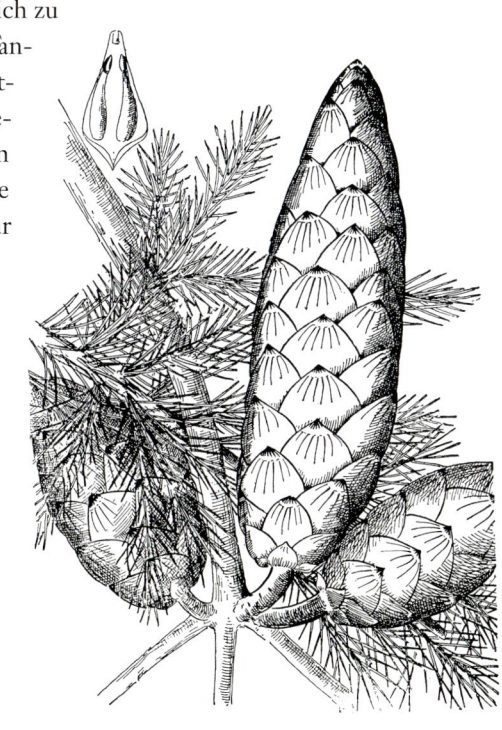

DIE NACHT

Wie schön, hier zu verträumen
Die Nacht im stillen Wald,
Wenn in den dunklen Bäumen
Das alte Märchen hallt.

Die Berg im Mondesschimmer
Wie in Gedanken stehn,
Und durch verworrne Trümmer
Die Quellen klagend gehn.

Denn müd ging auf den Matten
Die Schönheit nun zur Ruh,
Es deckt mit kühlen Schatten
Die Nacht das Liebchen zu.

Das ist das irre Klagen
In stiller Waldespracht,
Die Nachtigallen schlagen
Von ihr die ganze Nacht.

Die Stern gehn auf und nieder –
Wann kommst du, Morgenwind,
Und hebst die Schatten wieder
Von dem verträumten Kind?

Schon rührt sichs in den Bäumen,
Die Lerche weckt sie bald –
So will ich treu verträumen
Die Nacht im stillen Wald.

JOSEPH VON EICHENDORFF

NACHTLIED

Über allen Gipfeln
Ist Ruh;
In allen Wipfeln
Spürest du
Kaum einen Hauch;
Die Vögelein schweigen im Walde.
Warte nur, balde
Ruhest du auch.

JOHANN WOLFGANG VON GOETHE

*Goethes berühmtes Gedicht
entstand bei einer Wande-
rung durch Thüringen.
Mangels Papier schrieb er
es mit Bleistift auf die
Bretterwand einer Jagd-
hütte. Ringelnatz parodierte
es im »Abendgebet einer
erkälteten Negerin«.*

(…)
Drüben am Walde
Kängt ein Guruh – –
Warte nur balde
Kängurst auch du.

JOACHIM RINGELNATZ

Eifel

Sie könnte einmal *anfil* (Heide) geheißen haben. Tatsächlich sind Reste der früher stark verbreiteten Wacholderheide noch heute dort zu finden. Auch *aifil* käme infrage, wobei das *ai* auf *aik* (mit Eichen bewachsen) deutet. Nach einer älteren Erklärung ist die Silbe *eif* wie in »*Eifer*« als Wurzel anzusehen, und das würde so viel bedeuten wie »brennendes Land« – eine Anspielung auf die schlummernden Vulkane der Eifel.

Ein wunderliches Geschenk, dessen Wert sich erst später zeigte, das ist der Lohn für manchen Geiger, der den Wichteln im Wald aufspielt.

Fichtelgebirge

Fichten oder Wichtel – das ist hier die Frage. Auch wenn es naheliegt, den Namen auf den Baumbestand zurückzuführen, der Gedanke an Wichtel ist ebenfalls einleuchtend. Im Volksglauben waren die Wichtelmänner Schmiede, Bergleute und Schatzhüter. Und Schätze – von Eisen bis Gold – waren in dieser Region so reichlich vorhanden, dass man sie als »des Deutschen Reiches Erzkasten« bezeichnete.

Hunsrück

Für diesen Namen gibt es viele Erklärungen. Mal führt man ihn auf die Hunnen zurück, mal auf die Gestalt des Mittelgebirges, die einem Hunderücken gleichen soll. Dem Dichter Karl Simrock ist der Vergleich zu banal. Für ihn ist das Wort *hûn* der Ursprung, das »Riese« bedeutete – wie ein riesiger Rücken kam ihm dieses waldreiche Gebiet vor.

Odenwald

Über die Herkunft dieses Namens streiten sich die Gelehrten bis heute. Manche meinen, der Germanengott Odin habe Pate gestanden. Andere sehen eine Verwandtschaft mit dem Wort »öde«, und zwar in der Bedeutung von »dünn besiedelt«. Der Männername Odo, das alte Wort *ôd* (Glückseligkeit), die ehemalige römische Verwaltungseinheit Civitas Auderiensum und sogar der Euterbach werden ebenfalls als Erklärungsmöglichkeiten herangezogen.

Als »Perle im Hessenland«
rühmt ein Gedicht
das Renaissanceschloss
Lichtenberg im Odenwald.

Rothaargebirge

Mit roten Haaren hat dieser Name nichts zu tun. Er hat sich vielmehr aus der ursprünglichen Bezeichnung Rod-Hardt-Gebirge (gerodetes Waldgebirge) entwickelt. Vermutlich weist der alte Name darauf hin, dass hier früher Waldweidewirtschaft betrieben wurde.

Schwarzwald

Der Schwarzwald erhielt seinen Namen nach den vielen dunklen Tannenwäldern, die früher das Aussehen dieses Mittelgebirges prägten. Heute sind davon nur noch wenige erhalten.

Lauschende Wolke über dem Wald.
Wie wir sie lieben lernten,
seit wir wissen, wie wunderbald
sie als weckender Regen prallt
an die träumenden Ernten.

RAINER MARIA RILKE

Die Vögel fliehn geschwind
Zum Nest im Wetterhauche,
Doch schleudert sie der Wind
Weitab von ihrem Strauche.

Das Wild mit banger Hast
Ist ins Gebüsch verkrochen;
Manch grünend frischer Ast
Stürzt nieder, sturmgebrochen.

Das Heer der Wolken schweift
Mit roten Blitzesfahnen,
Aufspielend wirbelt, pfeift
Die Bande von Orkanen.

Das Bächlein, sonst so mild,
Ist außer sich geraten,
Springt auf an Bäumen wild,
Verwüstend in die Saaten.

Der Donner bricht herein,
Es kracht die Welt in Wettern,
Als wollt am Felsgestein
Der Himmel sich zerschmettern.

Der Regen braust; nun schwand
Das Tal in seiner Dichte;
Verpfählt hat er das Land
Vor meinem Augenlichte.

Doch mir im Herzensgrund
Ist Heiterkeit und Stille;
Mir wächst in solcher Stund
Und härtet sich der Wille.

NIKOLAUS LENAU

OBEN *Sturm peitscht die Bäume – Valentin Ruths Herbstbild spiegelt die Stimmung von Lenaus Gedicht.*
LINKS *Riesig der Baum, winzig der Bauer, so sah der sozialkritische realistische Maler Théophile Alexandre Steinlen um 1900 das Verhältnis zwischen Natur und Mensch.*

Wie die »Locken von Asbest« in Carossas Gedicht stehen die froststarren Zweige auf dem Bild des zeitgenössischen Malers Carl-W. Röhrig von den Fichten im Winterwald ab. Seine Werke im Stil des fantastischen Realismus betrachtet er als Ausdruck von Spiritualität.

WALD IM WINTER

Du hoher Wald, von Baum zu Baum durchsponnen
Mit blassen Reifs verschlungenen Gehängen,
Verführ mich nicht zu tief in finstern Gängen!
Früh schleicht hinab das gelbe Licht der Sonnen,
Frost blüht wie Locken von Asbest im Grunde,
Es zagt der Schritt, das Herz wagt nicht zu klopfen,
Wie Augen schaun die großen goldnen Tropfen
Von klarem Harz an alter Kiefer Wunde.
Und Beerenbüschel glühn, purpurne Zeichen,
Aus niedern Strauchs durchsichtiger Eisesbürde,
Wie Lippen, die ein Tod so jäh berührte,
Dass sie nicht Zeit mehr fanden zum Erbleichen.

HANS CAROSSA

Früher einmal – und das ist noch gar nicht so lange her – schärfte man den Kindern ein, schweigend durch den Wald zu gehen. Das geschah nicht nur aus Rücksicht auf die Waldbewohner, sondern auch, um die eigenen Sinne zu schärfen und mit etwas Glück scheuen Tieren zu begegnen.

Heute sind zumindest Teile des Waldes zum Vergnügungspark geworden mit Grillplätzen, Trimmpfaden und Themenwegen. Ob man das begrüßt oder bedauert, ist Geschmacksache. Glücklicherweise ist ja genug Wald für alle da. Einige Regeln haben jedoch nach wie vor Gültigkeit.

- Wenn Wege oder Waldflächen gesperrt sind, dürfen sie nicht betreten werden. Wenn dort zum Beispiel Bäume gefällt werden, besteht Lebensgefahr. Handelt es sich um Forstkulturen und frisch bepflanzte Flächen, steht der Schutz des jungen Waldes im Vordergrund.

- Um Brände zu vermeiden, darf im Wald nur auf ausgewiesenen Plätzen Feuer gemacht werden. In der Zeit vom 1. März bis 31. Oktober ist außerdem das Rauchen verboten. Schon ein kleiner Funke genügt, um das trockene Laub zu entflammen.

OBEN *»Holzauge, sei wachsam« signalisiert die Fotografie von Susanne Maria Lang. Auch als Naherholungsgebiet für viele Menschen gilt es, den Wald vor Schmutz und Beschädigung zu schützen.*

- Sogenannte jagdliche Einrichtungen, also etwa Hochsitze, dürfen nicht betreten werden. Dieses Verbot sollte man schon aus Sicherheitsgründen beachten.
- Hunde sollten immer an der Leine gehalten werden, denn auch ein gut erzogener Hund jagt manchmal hinter einem plötzlich auftauchenden Wild her. Nach den Bundes- und Länderwaldgesetzen besteht auf vielen Waldflächen für bestimmte Zeiten Leinenzwang.
- Zutrauliche Wildtiere auf keinen Fall anfassen! Es besteht Tollwutgefahr.

- Bei Gewitter und Sturm sollte man einen Wald so schnell wie möglich verlassen. Auch die Begehungsverbote nach Stürmen sind ernst gemeint und müssen zum eigenen Schutz befolgt werden.

DAS BUTTERBROTPAPIER

Ein Butterbrotpapier im Wald, –
da es beschneit wird, fühlt sich kalt …

In seiner Angst, wiewohl es nie
an Denken vorher irgendwie

gedacht, natürlich, als ein Ding
aus Lumpen usw., fing,

aus Angst, so sagte ich, fing an
zu denken, fing, hob an, begann,

zu denken, denkt euch, was das heißt,
bekam (aus Angst, so sagt ich) – Geist,

und zwar, versteht sich, nicht bloß so
vom Himmel droben irgendwo,

vielmehr infolge einer ganz
exakt entstandnen Hirnsubstanz –

die aus Holz, Eiweiß, Mehl und Schmer,
(durch Angst) mit Überspringen der

sonst üblichen Weltalter, an
ihm Boden und Gefäß gewann –

[(mit Überspringung) in und an
ihm Boden und Gefäß gewann].

Mit Hilfe dieser Hilfe nun
entschloss sich das Papier zum Tun, –

zum Leben, zum – gleichviel, es fing
zu gehn an – wie ein Schmetterling …

zu kriechen erst, zu fliegen drauf,
bis übers Unterholz hinauf,

dann über die Chaussee und quer
und kreuz und links und hin und her –

wie eben solch ein Tier zur Welt
(je nach dem Wind) (und sonst) sich stellt.

Doch, Freunde! werdet bleich gleich mir! –:
Ein Vogel, dick und ganz voll Gier,

erblickts (wir sind im Januar …) –
und schickt sich an, mit Haut und Haar –

und schickt sich an, mit Haar und Haut –
(wer mag da endigen!) (mir graut) –

(Bedenkt, was alles nötig war!) –
und schickt sich an, mit Haut und Haar – –

Ein Butterbrotpapier im Wald
gewinnt – aus Angst – Naturgestalt …

Genug!! Der wilde Specht verschluckt
das unersetzliche Produkt …

CHRISTIAN MORGENSTERN

WINTER

Geduldig ist der Wald,
Behutsamer der Schnee,
Am einsamsten das Reh.
Ich rufe. Was erschallt?
Der Widerhall macht Schritte.
Er kehrt zurück zu seinem Weh,
Das kommt heran wie leise Tritte.
Er findet mich in meiner Mitte.
Warum hab ich den Wald gestört?
Vom Schnee ward nichts gehört.
Hat sich das Reh gescheut?
Wie mich das Rufen reut.

THEODOR DÄUBLER

36

WALDWEG

FRAGMENT

Durch einen Nachbarsgarten ging der Weg,
Wo blaue Schleh'n im tiefen Grase standen;
Dann durch die Hecke über schmalen Steg

Auf einer Wiese, die an allen Randen
Ein hoher Zaun vielfarb'gen Laubs umzog;
Buscheichen unter wilden Rosenbüschen,
Um die sich frei die Geißblattranke bog,
Brombeergewirr und Hülsendorn dazwischen;
Vorbei an Farrenkräutern wob der Eppich
Entlang des Walles seinen dunklen Teppich.
Und vorwärtsschreitend störte bald mein Tritt
Die Biene auf, die um die Distel schwärmte,
Bald hörte ich, wie durch die Gräser glitt
Die Schlange, die am Sonnenstrahl sich wärmte.
Sonst war es kirchenstill in alle Weite,
Kein Vogel hörbar; nur an meiner Seite
Sprang schnaufend ab und zu des Oheims Hund;
Denn nicht allein wär' ich um solche Zeit
Gegangen zum entlegnen Waldesgrund;
Mir graute vor der Mittagseinsamkeit. –
Heiß war die Luft, und alle Winde schliefen;

OBEN Jäger mit Hund
*hat Carl Spitzweg sein
Bild genannt, doch zeigt
es auch die immer wieder
beschworene Einsamkeit, die
Lautlosigkeit, die Kühle des
Waldes. Nur gefolgt von
seinem Hund, geht der
Jäger dem Dunkel entgegen,
als wollte er für immer
darin verschwinden und der
Welt entsagen.*

Und vor mir lag ein sonnig offner Raum,
Wo quer hindurch schutzlos die Steige liefen.
Wohl hatt' ich's sauer und ertrug es kaum;
Doch rascher schreitend überwand ich's bald.
Dann war ein Bach, ein Wall zu überspringen;
Dann noch ein Steg, und vor mir lag der Wald,
In dem schon herbstlich rot die Blätter hingen.
Und drüber her, hoch in der blauen Luft,
Stand beutesüchtig ein gewaltger Weih',
Die Flügel schlagend durch den Sonnenduft;
Tief aus der Holzung scholl des Hähers Schrei.
Herbstblätterduft und Tannenharzgeruch
Quoll mir entgegen schon auf meinem Wege,
Und dort im Walle schimmerte der Bruch,
Durch den ich meinen Pfad nahm in's Gehege.
Schon streckten dort gleich Säulen der Kapelle
An's Laubgewölb' die Tannenstämme sich;
Dann war's erreicht, und wie an Kirchenschwelle
Umschauerte die Schattenkühle mich.

THEODOR STORM

Nur der Einsame findet den Wald. Wo ihn mehrere suchen, da
flieht er und nur die Bäume bleiben zurück.

PETER ROSEGGER

EIN GRÜNES BLATT

Ein Blatt aus sommerlichen Tagen,
Ich nahm es so im Wandern mit,
Auf dass es einst mir möge sagen,
Wie laut die Nachtigall geschlagen,
Wie grün der Wald, den ich durchschritt.

THEODOR STORM

ZU FUSS DURCH DEN WALD

Wald und Wandern – die beiden Wörter werden in einem Atemzug ausgesprochen. Früher war die Fortbewegung »auf Schusters Rappen« für viele Menschen die einzige Möglichkeit zu reisen. Später galt Wandern lange Zeit als spießig. Seit einigen Jahren aber erlebt es eine noch immer anhaltende neue Blütezeit. Viele Wanderwege durchziehen das Land. Sie werden von Fachleuten zertifiziert und prämiert. Entdecken und genießen kann man sie nur selbst. So wie folgende Fernwanderwege.

OBEN *Hinaus aus der Großstadt in die freie Natur strebten um 1900 die Wandervögel.*

Eifelsteig: *Der Römische*
Alte Handelswege, ehemalige Kastelle, Reste von Siedlungen, Kultstellen, Tempelplätze – zwischen Aachen und Trier wandert man dreihundert Kilometer lang immer wieder auf den Spuren der Römer. Hinzu kommen herausragende Naturerlebnisse in der Vulkaneifel: Ab Daun verläuft der Eifelsteig über den Lieserpfad, der auch schon als schönster Wanderweg der Welt bezeichnet wurde.

Goldsteig: *Der Waldige*
Fünf Nationalparks durch-
queren die Wanderer, die den
urwüchsigen Goldsteig wählen. Den
Höhepunkt bildet der Nationalpark Bayeri-
scher Wald. Je nach Kondition kann man sich streckenweise für
eine bequemere oder eine anstrengende Wegvariante entscheiden.

Harzer Hexenstieg: *Der Sagenhafte*
Goethe ist hier gewandert, Novalis, Eichendorff und viele andere
Dichter. Seit jeher faszinierte die Region rund um den Brocken mit
ihren Sagen und Mythen und ihrer urwüchsigen Natur. Der 94 Kilometer lange Weg führt von Osterode quer durch den Harz bis
nach Thale. Neben dem Hauptweg gibt es eine Alternative für alle,
denen der Brockenaufstieg zu anstrengend ist.

OBEN *Die Ansichtskarte*
von 1904 zeigt den
Hexentanzplatz bei
Thale im Harz.
RECHTS *Wer auf dem*
Rennsteig wandert, erblickt
Treseburg, das heute zur
Stadt Thale gehört.
Hier beginnt die Bode
schneller zu fließen, bevor
sie sich in das wilde, felsige
Bodetal stürzt.

Hermannshöhen: *Der Mythische*

Fragt man, warum der Wald für die Deutschen eine besondere Bedeutung hat, dann stößt man unweigerlich auf Hermann den Cherusker, der im Teutoburger Wald im Jahre 9 nach Christus die Römer besiegt haben soll. Die Hermannshöhen führen 226 Kilometer von Rheine nach Marsberg mitten durch diese Region. Auch heidnische Kultstätten, sächsische Fliehburgen und mittelalterliche Wallanlagen liegen am Weg.

Märchenlandweg: *Der Verwunschene*

Kreuz und quer durch das Reich der Brüder Grimm führt der Märchenlandweg über eine Länge von 380 Kilometern. Dornröschenschloss und Rapunzelturm liegen ebenso am Weg wie zahlreiche Orte, mit denen Sagen verknüpft sind, und viel Historisches wie Kassel mit dem Grimm-Museum oder Baunatal, die Heimat der Märchenerzählerin Dorothea Viehmann.

OBEN *»Ihr Wandervögel in der Luft, (…) / Euch grüß ich als Gesellen«, heißt es in einem Lied, das nach einem Gedicht von Otto Roquette entstanden ist. Damit soll er der Jugendbewegung ihren Namen gegeben haben.*

Rennsteig: *Der Älteste*

Schon im Jahr 1330 wurde der Rennsteig urkundlich erwähnt; kein anderer deutscher Wanderweg kann eine so lange Tradition vorweisen wie der 168 Kilometer lange Höhenweg, der von Hörschel bei Eisenach über den Thüringer Wald und den Frankenwald bis nach Blankenstein an der Saale führt. Der Rennsteig kann sogar mit einem eigenen Wandergruß aufwarten. Statt »Guten Tag« heißt es hier »Gut Runst«.

Rheinsteig: *Der Romantische*
Immer am Rhein entlang oder, genauer gesagt, oberhalb des Rheins verläuft der Rheinsteig von Bonn nach Wiesbaden. Burgen, Schlösser, Weinberge und dazu eindrucksvolle Ausblicke auf den Rhein – seit seiner Eröffnung im Jahr 2005 begeistert der 320 Kilometer lange Weg immer mehr Wanderfreunde.

Rothaarsteig: *Der Moderne*
Waldsofas, Schaukeln, eine vierzig Meter lange Hängebrücke und Vesperinseln sind eigens für diesen im Jahr 2001 eröffneten Wanderweg entworfen worden. Der 154 Kilometer lange Weg verläuft auf dem Kamm des Rothaargebirges von Brilon nach Dillenburg und damit durch eines der größten Waldgebirge Europas.

Westweg: *Der Klassische*
Der 285 Kilometer lange Weg durch den Schwarzwald ist einer der ältesten und bekanntesten Fernwanderwege in Deutschland. Tiefe Wälder, hohe Berge – hier kommen Naturliebhaber auf ihre Kosten. Allerdings erfordern die Auf- und Abstiege eine gute Kondition.

GEFUNDEN

Ich ging im Walde
So für mich hin,
Und nichts zu suchen,
Das war mein Sinn.

Im Schatten sah ich
Ein Blümchen stehn,
Wie Sterne leuchtend,
Wie Äuglein schön.

Ich wollt es brechen,
Da sagt' es fein:
Soll ich zum Welken
Gebrochen sein?

Ich grub's mit allen
Den Würzlein aus,
Zum Garten trug ich's
Am hübschen Haus.

Und pflanzt es wieder
Am stillen Ort;
Nun zweigt es immer
Und blüht so fort.

JOHANN WOLFGANG VON GOETHE

OBEN Diese Waldblumen
malte der österreichische
Blumenstilllebenmaler
Franz Xaver Petter im
Jahr 1852.
LINKS *Bad Wildbad im*
Schwarzwald.

URLAUB IM URWALD

Ich geh im Urwald für mich hin …
Wie schön, dass ich im Urwald bin:
Man kann hier noch so lange wandern,
ein Urbaum steht neben dem andern.
Und an den Bäumen, Blatt für Blatt,
hängt Urlaub. Schön, dass man ihn hat!

HEINZ EHRHARDT

WANDERN IM THÜRINGER WALD

Herrlich ist der Thüringer Wald, wenn im Sonnenkuss eines heiteren Sommermorgens die hohen Berghäupter erglühen, die Wiesen goldgrün leuchten und über den dunklen Schlagschatten meilenlanger Tannenforste bläulicher Duftschimmer ruht; herrlich auch, wenn ein sonniger Nachmittag, ein heiterer Abend auf das Land

OBEN *Walter Leistikows Gemälde* Thüringer Wald *entstand um 1902.* RECHTS OBEN *Der Thüringer Wald mit Manebach-Kammerberg.*

herablächelt, die Herden heimziehen und die in Ruhe schaffende Natur das harmonische Walten des Weltgeistes widerspiegelt; aber ein mühseliges, unerquickliches Wandern ist im Thüringer Wald, wenn unfreundliche Witterung über ihm lagert. Alle Höhen sind dann vom Wolkenflor dichten Nebels umschleiert, die Berge dampfen wie Meiler, die Talbäche rollen und rauschen mit Ungestüm, jede Fernsicht ist verschlossen, und den Heitersten überfällt eine trübe, unerquickliche Stimmung, die ihm das Fußwandern zur Bürde, die Reise zur Last macht. Glücklich dann der, dem ein Wagen zu Gebote steht, der ihn rasch von dannen trägt.

LUDWIG BECHSTEIN

MANCHERLEI WEGE

Ohne Eile

Wer auf dem Seelensteig im Wandergebiet Rachel durch den Nationalpark Bayerischer Wald spaziert, erlebt die Geburt eines wilden Waldes. Nach Jahrhunderten forstlicher Nutzung wächst, gedeiht und vergeht nun auf einer großen Fläche ein Mischwald ohne menschliche Eingriffe. Ein Holzsteg von 1,3 Kilometer Länge wurde behutsam hineingebaut. Eins werden mit der Natur – hier bekommt der Besucher einen Eindruck davon, was das bedeuten könnte.

Jeder Weg ist geeignet, um einen Waldspaziergang für Kinder zu einem Erlebnis werden zu lassen, bei dem man auch Freundschaft mit Bäumen schließen kann. Manche Forstämter bieten ansprechende Programme an.

Ohne Grenze

Tastboxen und Barfußpfad, Duftorgel und Baumtelefon – auf dem Waldweg Grenzenlos nahe der Stadt Olpe auf dem Kimickeberg lässt sich der Wald mit allen Sinnen genießen. Und von jedem, denn der knapp drei Kilometer lange Parcours ist rollstuhlgerecht und dazu mit einem Blindenleitsystem ausgestattet. Eigene Grenzen erkennen, verschieben, überwinden, eine Balance zwischen Geist und Körper finden, das wird hier zwischen Wissen und Erleben möglich gemacht.

45

Ohne Hülle
Körperlich näher kann man der Natur wohl nicht kommen: Nur mit Wanderschuhen und Rucksack bekleidet entdecken FKK-Freunde den Harzer Naturistenstieg. Von Dankerode führt er durch das idyllische Wippertal zur Wippertalsperre und zurück. Insgesamt 18 Kilometer können hüllenlos genossen werden. Damit niemand vom Weg abkommt, gibt es für den Harzer Naturistenstieg auch eine Wanderkarte.

WALDPLAGE

Im Walde deucht mir alles miteinander schön,
Und nichts Missliebiges darin, so vielerlei
Es hegen mag; es krieche zwischen Gras und Moos
Am Boden, oder jage reißend durchs Gebüsch,
Es singe oder kreische von den Gipfeln hoch,
Und hacke mit dem Schnabel in der Fichte Stamm,
Dass lieblich sie ertönet durch den ganzen Saal.
Ja machte je sich irgendetwas unbequem,
Verdrießt es nicht, zu suchen einen andern Sitz,
Der schöner bald, der allerschönste, dich bedünkt.
Ein einzig Übel aber hat der Wald für mich,
Ein grausames und unausweichliches beinah.
Sogleich beschreib ich dieses Scheusal, dass ihrs kennt;
Noch kennt ihrs kaum, und merkt es nicht, bis unversehns
Die Hand euch und, noch schrecklicher, die Wange schmerzt.
Geflügelt kommt es, säuselnd, fast unhörbarlich;
Auf Füßen, zweimal dreien, ist es hoch gestellt
(Deswegen ich in Versen es zu schmähen auch
Den klassischen Senarium mit Fug erwählt);
Und wie es anfliegt, augenblicklich lässet es
Den langen Rüssel senkrecht in die zarte Haut;
Erschrocken schlagt ihr schnell darnach, jedoch umsonst,
Denn, graziöser Wendung, schon entschwebet es.
Und alsobald, entzündet von dem raschen Gift,
Schwillt euch die Hand zum ungestalten Kissen auf,
Und juckt und spannt und brennet zum Verzweifeln euch

Viel Stunden, ja zuweilen noch den dritten Tag.
So unter meiner Lieblingsfichte saß ich jüngst –
Zur Lehne wie gedrechselt für den Rücken, steigt
Zwiestämmig, nah dem Boden, sie als Gabel auf –
Den Dichter lesend, den ich jahrelang vergaß:
An Fanny singt er, Cidly und den Zürcher See,
Die frühen Gräber und des Rheines goldnen Wein
(O sein Gestade brütet jenes Greuels auch
Ein größeres Geschlechte noch und schlimmres aus,
Ich kenn es wohl, doch höflicher dem Gaste wars.) –
Nun aber hatte geigend schon ein kleiner Trupp
Mich ausgewittert, den geruhig Sitzenden;
Mir um die Schläfe tanzet er in Lüsternheit.
Ein Stich! der erste! er empört die Galle schon.

Die Welt im Kleinen findet sich bildlich dargestellt im Klassiker Brehms Tierleben. *Doch die Mücken, Fliegen und Bienen, die so leicht um die Blütendolden herumfliegen, stören manch einen Wanderer empfindlich in seiner Ruhe.*

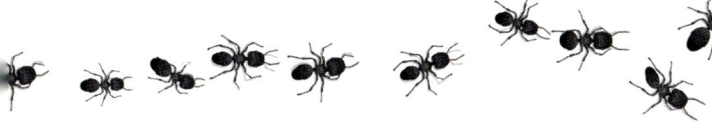

Zerstreuten Sinnes immer schiel ich übers Blatt.
Ein zweiter macht, ein dritter, mich zum Rasenden.
Das holde Zwillings-Nymphenpaar des Fichtenbaums
Vernahm da Worte, die es nicht bei mir gesucht;
Zuletzt geboten sie mir flüsternd Mäßigung:
Wo nicht, so sollt ich meiden ihren Ruhbezirk.
Beschämt gehorcht ich, sinnend still auf Grausamtat.
Ich hielt geöffnet auf der flachen Hand das Buch,
Das schwebende Geziefer, wie sich eines naht',
Mit raschem Klapp zu töten. Ha! da kommt schon eins!
»Du fliehst! o bleibe, eile nicht, Gedankenfreund!«
(Dem hohen Mond rief jener Dichter zu dies Wort.)
Patsch! Hab ich dich, Canaille, oder hab ich nicht?
Und hastig – denn schon hatte meine Mordbegier
Zum stillen Wahnsinn sich verirrt, zum kleinlichen –
Begierig blättr' ich: ja, da liegst du plattgedrückt,
Bevor du stachst, nun aber stichst du nimmermehr,
Du zierlich Langgebeinetes, Jungfräuliches!
– Also, nicht achtend eines schönen Buchs Verderb,
Trieb ich erheitert lange noch die schnöde Jagd,
Unglücklich oft, doch öfter glücklichen Erfolgs.
So mag es kommen, dass ein künftger Leser wohl
Einmal in Klopstocks Oden, nicht ohn einiges
Verwundern, auch etwelcher Schnaken sich erfreut.

EDUARD MÖRIKE

DER BAYERISCHE HIASL IM JEXHOF

Der bayerische Hiasl, seiner Zeit berüchtigter Spitzbube, geboren
in Kissing bei Friedberg, soll sich eine Zeitlang im Jexhof, einer
Einöde mitten im Schöngeiseninger Forste, aufgehalten haben.

Obwohl er den Jägern sagen ließ, sie sollten heraus-
kommen, wenn sie den bayerischen Hiasl sehen wollten, so wagte es doch keiner derselben, und der Räuber
blieb unangefochten. Bei dem Jexhof befand sich eine
Höhle im Walde, genannt Kuchelschlag, welche früher
Räubern zum Aufenthalt diente, in der auch der bayerische Hiasl mit seinen Leuten auf eine Zeit Quartier
nahm. Der gefürchtete Räuber begab sich hierher und
wählte sich unter den Wildschweinen, welche ein eige-
ner Wildhüter füttern musste, die schönsten aus, die er dann in der
Höhle mit seinen Leuten verzehrte, ohne dass der Wildhüter dagegen Einsprache thun konnte. Von hier aus überfielen die Räuber zu
gewissen Zeiten die Bauernhöfe der Nachbarschaft. Als sie endlich,
von den Gerichten verfolgt, abziehen mussten, hinterließen sie viele Schätze, welche sie in der Eile nicht mitnehmen konnten. Die
hat nun der Teufel als herrenloses Gut in Verwahrung genommen.
Schatzgräber haben umsonst versucht, diese Schätze zu heben. Sie
sollen immer tiefer versinken.

Wilddiebe wurden von der armen Bevölkerung oft wie Helden verehrt, die sich ge-gen die Privilegien und die Willkür der Herrschenden zur Wehr setzten. Der »bayerische Hiasl« Matthias Klostermayr ist bis heute vielen Menschen ein Begriff.

Es wollt ein Mann in seine Heimat reisen,
Er sehnte sich nach seinem Weib und Kind.
Er aber musste einen Wald durchstreifen,
Wo plötzlich ihn ein Räuber überfiel.

»Gib mir dein Geld, ansonsten bist du verloren,
Gib mir dein Geld, dein Leben ist sonst hin,
Gib mir dein Geld, sonst muss ich dich durchbohren,
Das sage ich, so wahr ich Räuber bin.«

»Ich hab kein Geld, kann leider keins dir geben,
Willst du mein Leben, nimm's und kühle deine Lust,
Willst du es haben, so will ich es dir geben,
Ich öffne dir von selber meine Brust.«

»Und wenn du Geld, ach Geld hättest so vieles,
Nein, dich zu morden hab ich keine Lust.
Denn ach, ja ach, was muss ich bei dir sehen,
Was trägst du da auf deiner bloßen Brust?

Was trägst du da, um deinen Hals gebunden,
Es glänzt wie Gold und weiße Stickerei?
Das ist das Bild von meiner treuen Mutter,
Die ich geliebt in alle Ewigkeit.«

Da fiel der Räuber plötzlich vor ihm nieder;
»Verzeih, verzeih, dass ich dein Bruder bin.
Zwölf Jahre sind's, seit wir uns nicht gesehen,
Und nun muss ich als Räuber vor dir stehn.

Zwölf Jahre haben wir uns nicht gesehen.
In diesen Wäldern trieb ich mich umher.
Als Räuber musste ich dich wiedersehen,
Komm, lass uns reisen übers weite Meer.«

VOLKSDICHTUNG

LINKS »Schnapphähne«
nannte man die Räuber,
die in vergangenen
Jahrhunderten das Reisen
zum Wagnis machten.
Vor allem nach dem
Dreißigjährigen Krieg
zogen verrohte Horden mor-
dend durch das Land und
hausten in den Wäldern.
UNTEN »Ich fühle eine
Armee in meiner Faust«,
heißt es in der Szene in
Schillers Die Räuber, die
Johann Heinrich Ramberg
1816 dargestellt hat.

RÄUBERLIED

Stehlen, morden, huren, balgen
Heißt bei uns nur die Zeit zerstreun.
Morgen hangen wir am Galgen,
Drum lasst uns heute lustig sein.

Ein freies Leben führen wir,
Ein Leben voller Wonne,
Der Wald ist unser Nachtquartier,
Bei Sturm und Wind hantieren wir,
Der Mond ist unsre Sonne,
Merkurius ist unser Mann,
Der's Praktizieren trefflich kann.

Heut laden wir bei Pfaffen uns ein,
Bei masten Pächtern morgen;
Was drüber ist, da lassen wir fein
Den lieben Herrgott sorgen.

Und haben wir im Traubensaft
Die Gurgel ausgebadet,
So machen wir uns Mut und Kraft
Und mit dem Schwarzen Brüderschaft,
Der in der Hölle bratet.

Das Wehgeheul geschlagner Väter,
Der bangen Mütter Klaggezeter,
Das Winseln der verlassnen Braut
Ist Schmaus für unsre Trommelhaut!

Ha! wenn sie euch unter dem Beile so zucken,
Ausbrüllen wie Kälber, umfallen wie Mucken,
Das kitzelt unsern Augenstern.
Das schmeichelt unsern Ohren gern.

Und wenn mein Stündlein kommen nun,
Der Henker soll es holen!
So haben wir halt unsern Lohn
Und schmieren unsre Sohlen,
Ein Schlückchen auf den Weg vom heißen Traubensohn,
Und hurra rax dax! geht's, als flögen wir davon.

FRIEDRICH SCHILLER

AM DUDE MÄDCHE

Weit oben im Vorgebirgswald, wo der Pützweg die breite Allee und die schmale Allee schneidet, stehen vier ganz dicke Hainbuchen dicht beieinander. Früher umsäumten sieben derartige geköpfte Bäume eine Fläche, die fast wie eine germanische Thingstätte anmutete.

Einer dieser Bäume heißt im Volksmund »Am dude Mädche«. Man erzählt, eine Dienstmagd, beheimatet aus einem Dorf an der Swist, hatte sich in ein Uferdorf auf der rechten Rheinseite verdingt. Eines Sonntags war die Magd zu Hause gewesen. Als sie spätabends durch den Wald zur Dienststelle zurückgehen wollte, wurde sie von zwei Unholden überfallen und umgebracht. Erst nach langem Suchen fand man die verscharrte Tote. Die Täter blieben jahrzehntelang unerkannt. Ein Baum wuchs aber am Tatort, und er bekam die Gestalt der Toten. Eines Tages, die Tat war längst vergessen, belauschte an dem Baum ein Förster

OBEN *Bäume vergessen nicht. In Sagen und Märchen fördern sie Untaten zutage, die in ihrem Schatten begangen worden sind. Vor allem Eichen, aber auch Buchen übernehmen diese Rolle des »grünen Gewissens«.*

53

das Gespräch zweier Männer, von denen der eine zum anderen sagte: »Weißt du noch, hier haben wir sie umgebracht.« Mit dem geladenen Gewehr im Anschlag hat der Förster die nun erkannten Täter gestellt und zum Alfterer Gericht gebracht. Am Galgen mussten sie für ihr grausiges Verbrechen mit dem Leben büßen.

TROSTLIED IM KONJUNKTIV

Wär ich ein Baum, stünd ich droben am Wald.
Trüg Wolke und Stern in den grünen Haaren.
Wäre mit meinen dreihundert Jahren
noch gar nicht sehr alt.

Wildtauben grüben den Kopf untern Flügel.
Kriege ritten und klirrten im Trab
querfeldein und über die Hügel
ins offene Grab.

Humpelten Hunger vorüber und Seuche.
Kämen und schmölzen wie Ostern und Schnee.
Läg ein Pärchen versteckt im Gesträuche
und tät sich süß weh.

Klängen vom Dorf her die Kirmesgeigen.
Ameisen brächten die Ernte ein.
Hinge ein Toter in meinen Zweigen
und schwänge das Bein.

Spränge die Flut und ersäufte die Täler.
Wüchse Vergissmeinnicht zärtlich am Bach.
Alles verginge wie Täuschung und Fehler
und Rauch überm Dach.

Wär ich ein Baum, stünd ich droben am Wald.
Trüg Sonne und Mond in den grünen Haaren.
Wäre mit meinen dreihundert Jahren
nicht jung und nicht alt …

ERICH KÄSTNER

RÄTSEL

Im Lenz erquick' ich dich,
Im Sommer kühl' ich dich,
Im Herbst ernähr' ich dich,
Im Winter wärm' ich dich.
❧ Der Baum ❧

55

STECKBRIEF FICHTE

Höhe: bis sechzig Meter
Alter: bis sechshundert Jahre

Allgemeines
Die Fichte zählt zu den höchsten europäischen Bäumen. Sie wächst schnell und gerade, ist äußerst anspruchslos und liefert Holz in Fülle. Deswegen bezeichnen die Fachleute sie auch als den Brotbaum der Forstwirtschaft. Wo immer Bäume von Nutzen sein können, kommt die Fichte ins Spiel. Vor allem bei Wiederaufforstungen ist sie unentbehrlich, so im 19. Jahrhundert, als weite Flächen in Deutschland durch Köhlerei sowie Erz- und Salzgewinnung brach lagen.
Diese Eigenschaften haben die Fichte zur häufigsten Baumart in Deutschland gemacht. Mehr als jeder vierte Baum im Wald ist eine Fichte (28 Prozent). Das hat auch Nachteile. In reinen Fichtenbeständen wird der Boden unter dem dichten Nadelteppich sauer, und Schädlinge wie der Borkenkäfer haben leichtes Spiel. Eine weitere Schwachstelle der Fichte: Sie wurzelt flach und fällt daher leicht starken Stürmen zum Opfer.

Holznutzung
Fichtenholz kann sehr vielseitig eingesetzt werden. Es vereint Festigkeit und Elastizität und lässt sich unkompliziert verarbeiten. Als Bauholz und bei der Möbelherstellung wird es ebenso verwendet wie für Kochlöffel und Pellets. Fichtenholz ist auch als Klangholz zum Beispiel für Geigen oder Klaviere begehrt.

Besonderheiten
Auch wenn in vielen Weihnachtsliedern der Tannenbaum besungen wird, so ist es doch fast immer eine Fichte, die im Mittelpunkt des Festes steht. Das Wort »Tanne« wurde früher umfassender benutzt und bezeichnete die wichtigsten Nadelbäume. »Tann« wurde zum Teil sogar gleichbedeutend mit »Wald« eingesetzt (im dunklen Tann).

Rekorde
Im Hintersteiner Tal, das zum Kreis Oberallgäu gehört, steht die wahrscheinlich stärkste Fichte Deutschlands. Der Umfang ihres Stammes beträgt über sechs Meter. Sie ist zwischen vierhundert und fünfhundert Jahre alt.
Als Methusalem unter den Fichten aber könnte ein schwedischer Baum gelten. Einer Zeitungsmeldung zufolge wurde in der Provinz Dalarna Wurzelholz gefunden, das 9950 Jahre alt ist und genetisch mit dem darüber wachsenden Baum identisch sein soll.

TANNEBAUM

O Tannebaum, o Tannebaum!
Du bist ein edles Reis.
Du grünest in dem Winter
Als wie zur Sommerszeit!

Warum sollt ich nit grünen,
Da ich noch grünen kann?
Ich hab kein Vater, kein Mutter,
Der mich versorgen kann.

HIMMELHOHE TANNEN

Wir nahmen freundschaftlich Abschied, und fröhlich stieg ich den Berg hinauf. Bald empfing mich eine Waldung himmelhoher Tannen, für die ich in jeder Hinsicht Respekt habe. Diesen Bäumen ist nämlich das Wachsen nicht so ganz leicht gemacht worden, und sie haben es sich in der Jugend sauer werden lassen. Der Berg ist hier mit vielen großen Granitblöcken übersät, und die meisten Bäume mussten mit ihren Wurzeln diese Steine umranken oder sprengen und mühsam den Boden suchen, woraus sie Nahrung schöpfen können. Hier und da liegen die Steine, gleichsam ein Tor bildend, übereinander, und oben darauf stehen die Bäume, die nackten Wurzeln über jene Steinpforte hinziehend und erst am Fuße derselben den Boden erfassend, so dass sie in der freien Luft zu wachsen scheinen. Und doch haben sie sich zu jener gewaltigen Höhe emporgeschwungen, und mit den umklammerten Steinen wie zusammengewachsen, stehen sie fester als ihre bequemen Kollegen im zahmen Forstboden des flachen Landes. So stehen auch im Leben jene großen Männer, die durch das Überwinden früher Hemmungen und Hindernisse sich erst recht gestärkt und befestigt haben. Auf den Zweigen der Tannen kletterten Eichhörnchen, und unter denselben spazierten die gelben Hirsche. Wenn ich solch ein liebes, edles Tier sehe, so kann ich nicht begreifen, wie gebildete Leute Vergnügen daran finden, es zu hetzen und zu töten. Solch ein Tier war barmherziger als die Menschen und säugte den schmachtenden Schmerzenreich der heiligen Genoveva.

Allerliebst schossen die goldenen Sonnenlichter durch das dichte Tannengrün. Eine natürliche Treppe bildeten die Baumwurzeln. Überall schwellende Moosbänke; denn die Steine sind fußhoch von den schönsten Moosarten, wie mit hellgrünen Sammetpolstern, bewachsen. Liebliche Kühle und träumerisches Quellengemurmel.

Nicht nur ausgedehnte Wälder prägen das Bild der deutschen Mittelgebirge, sondern auch schroffe Felswände und Wasserfälle, wie etwa im Harz oder im Schwarzwald.

Hier und da sieht man, wie das Wasser unter den Steinen silberhell hinrieselt und die nackten Baumwurzeln und Fasern bespült. Wenn man sich nach diesem Treiben hinabbeugt, so belauscht man gleichsam die geheime Bildungsgeschichte der Pflanzen und das ruhige Herzklopfen des Berges. An manchen Orten sprudelt das Wasser aus den Steinen und Wurzeln stärker hervor und bildet kleine Kaskaden. Da lässt sich gut sitzen. Es murmelt und rauscht so wunderbar, die Vögel singen abgebrochene Sehnsuchtslaute, die Bäume flüstern wie mit tausend Mädchenzungen, wie mit tausend Mädchenaugen schauen uns an die seltsamen Bergblumen, sie strecken nach uns aus die wundersam breiten, drollig gezackten Blätter, spielend flimmern hin und her die lusti-

gen Sonnenstrahlen, die sinnigen Kräutlein erzählen sich grüne Märchen, es ist alles wie verzaubert, es wird immer heimlicher und heimlicher, ein uralter Traum wird lebendig, die Geliebte erscheint – ach, dass sie so schnell wieder verschwindet!

HEINRICH HEINE

SCHWARZWALD

Seltsam schöne Hügelfluchten,
Dunkle Berge, helle Matten,
Rote Felsen, braune Schluchten,
Überflort von Tannenschatten!

Wenn darüber eines Turmes
Frommes Läuten mit dem Rauschen
Sich vermischt des Tannensturmes,
Kann ich lange Stunden lauschen.

Dann ergreift wie eine Sage,
Nächtlich am Kamin gelesen,
Das Gedächtnis mich der Tage,
Da ich hier zu Haus gewesen.

Da die Fernen edler, weicher,
Da die tannenforstbekränzten
Berge seliger und reicher
Mir im Knabenauge glänzten.

HERMANN HESSE

DUNKLES GRÜN UND TIEFES SCHWEIGEN

Als ich erwachte waren wir in *Waldheim*, einem Städtchen, das wieder an der Mulde liegt. Besonders als wir es schon im Rücken hatten u das Gebirgsstädtchen hinter uns im niedrigen Thale lag, von buschigten Höhen umlagert, gab es eine reizende Ansicht. Wir fuhren nun immer an dem Fuße des Erzgebirges oder an seinem Vorgebirge entlang. Hin u wieder blickten nackte Granitblöcke aus den Hügeln hervor. Die ganze Gebirgsart ist aber Schifer, welcher, wegen seiner geblätterten Tafeln, ein noch wilderes zerrisseneres Ansehn hat, als der Granit selbst. Die allgemeine Pflanze war die Harz-Tanne; ein schöner Baum an sich, der ein gewisses ernstes Ansehn hat, der aber die Gegend auf welcher er steht meistens öde macht, vielleicht wegen seines dunkeln Grüns, oder wegen des tiefen Schweigens das in dem Schatten seines Laubes waltet. Denn es

sind nur einige wenige, ganz kleine Vögelarten, die, außer Uhu u Eule, in diesem Baume nisten.

Ich gieng an dem Ufer eines kleinen Waldbachs entlang. Ich lächelte über seine Eilfertigkeit, mit welcher er schwatzhaft u geschmeidig über die Steine hüpfte. Das ruht nicht eher, dachte ich, als bis es im Meere ist; u dann fängt es seinen Weg von vorn an. – Und doch – wenn es still steht, wie in dieser Pfütze, so verfault es u stinkt.

HEINRICH VON KLEIST

DIE LÄRCHE

Die Lärche gilbt unter den Nadelgeschwistern,
sie birgt das lichte Haupt.
Die Schwermut hab ich in ihrem Gezweige
wie einen Geist zu sehen geglaubt.

Keinen Flügel hebt der Herbstwind dem Samen,
die Schuppen hüten ihn winterlos jung.
Im Astwerk bewahrt sie verjährte Zapfen
wie ich die taube Erinnerung.

Welcher Geist mag das Gezweige bewohnen,
wenn es die Nacht mit Sternen belaubt?
Unter dem vollen und schwindenden Monde
berge ich wie die Lärche das Haupt.

GÜNTER EICH

Die Lärche hat eine Sonderstellung unter den Nadelbäumen, wirft sie doch im Herbst ihre Nadeln ab. Der deutsche Expressionist Franz Marc, berühmt für seine blauen Pferdebilder, malte 1908 eine Junge Lärche auf einer Waldwiese (unten). Der Ausschnitt zeigt den oberen Teil des Bildes.

UNTERWEGS AUF WEICHEN WEGEN

Wir kommen von Schloss Köpenick, haben Stadt und Vorstadt glücklich passiert und schreiten nunmehr dem Gehölze zu, das bis über die Müggelberge hinaus das ganze Terrain bedeckt. Es ist ein Forst und eine Heide wie andere mehr; Moos und Fichtennadeln haben dem Weg eine elastische Weiche gegeben und nur die Baumwurzeln, die grotesk überall hervorlugen und uns wie böswillige Gnomen ein Bein zu stellen suchen, mahnen zur Vorsicht. Eine rechte Herbstesfrische weht durch den Wald. Der herbe Duft des Eichenlaubs mischt sich mit dem Harzgeruch der Tannen, und anheimelnd klingt es, wenn die Eichkätzchen von einem Baum zum andern springen und die Zweige mit leisem Knick zerbrechen.

RECHTS Kleine Fichte nannte Albrecht Altdorfer sein Bild (Ausschnitt). Der botanische Name der Gattung der Kiefern-gewächse, Picea, bedeutet »harzhaltiges Holz«.

Dann und wann hören wir, vom Fahrweg her, den eigentümlichen Klinker- und Klankerton, an dem ein märkischer Bauernwagen auf hundert Schritt schon erkennbar ist. Die Halskette der beiden magern Braunen rasselt am Deichselhaken, die Sprossen klappern in den Leiterbäumen, die Leiterbäume wieder an den vier Wagenrungen und gegen die Wagenrungen schrammt das Rad. Dazwischen das Hüh! und Hoh! des Kutschers, und Schwamm-anpinken und Tabaksqualm – und das Begegnungsbild ist fertig, das die märkische Heide zu bieten pflegt.

THEODOR FONTANE

DIE ZWEI WURZELN

Zwei Tannenwurzeln groß und alt
unterhalten sich im Wald.

Was droben in den Wipfeln rauscht,
das wird hier unten ausgetauscht.

Ein altes Eichhorn sitzt dabei
und strickt wohl Strümpfe für die zwei.

Die eine sagt: knig. Die andre sagt: knag.
Das ist genug für einen Tag.

CHRISTIAN MORGENSTERN

DIE FICHTE UND DIE EICHE

»So gottlos sein kannst du?«
So rief die Ficht' der Eiche zu,
»Du neigst dich niemals vor den Göttern,
Wenn sie in schweren Donnerwettern
Bei uns vorübergehn.
Ja, ja, ich werd's gewiss noch sehn,
Es wird durch ihre mächt'gen Heere
Dein stolzer Wipfel einst gebeugt.«
Die Eiche sprach. »Mit Recht suchst du
                    der Götter Ehre;
Doch hättest du dich denn geneigt,
Wenn nicht der Sturm gewesen wäre?«

JOHANN HEINRICH MERCK

STECKBRIEF EICHE

Höhe: bis vierzig Meter
Alter: über siebenhundert Jahre

Allgemeines
Wie viele tausendjährige Eichen gibt es in
Deutschland? Und wie alt sind sie wirklich?
Zumindest die letzte Frage lässt sich nicht
genau beantworten. Zutreffend ist jedoch,
dass die Eiche älter wird als die meisten anderen Bäume, dass sie tiefer wurzelt, fester
steht und aus besonders hartem Holz ist. All
das trägt dazu bei, dass sie in vielen Kulturen
als göttlicher Baum verehrt wurde und im
Mittelpunkt kultischer Handlungen stand.

OBEN *Ätzende Satire auf einer Spielkarte (16. Jahrhundert): So wie Menschen Schweine mit Eicheln mästen und dann braten, drehen hier Schweine den Spieß – mit Menschenkot.*

Hierzulande gilt die Eiche vielen als typisch deutscher Baum. Als Symbol für Stärke, Kraft und Macht ist sie auf vielen Wappen abgebildet. Ihre Blätter und Setzlinge sind ebenso wie die Eicheln auf mehreren deutschen Euromünzen und auf militärischen Rang- und Ehrenabzeichen zu finden. Mit einem Anteil von acht Prozent sind Eichen im deutschen Wald die zweitwichtigste Laubbaumart. Die Stieleiche war 1989 der erste »Baum des Jahres«.

Holznutzung

Eichenholz ist sehr widerstandsfähig gegen Verrottung und beinahe unbegrenzt haltbar. Venedig und Amsterdam stehen auf Eichenpfählen. Kontinente sind mit Hilfe von Schiffen aus Eichenholz entdeckt worden. Im Hausbau wird es für Fenster, Türen, Parkett, Treppen, Möbel und Furniere eingesetzt.

Auch Winzer brauchen Eichenholz. In Weinfässern, die daraus gefertigt sind, bekommen vor allem Rotweine einen ganz besonderen Geschmack (Barrique-Wein).

Eichenfässer aus der Weinlagerung werden außerdem für die Herstellung von Barrique-Schinken verwendet, einer Spezialität in Österreich und der Schweiz. In einem Sud aus Essig, Honig, Meersalz und Wein nimmt der Schinken sein besonderes Aroma an, bevor er in einer Honigmarinade luftgetrocknet wird.

Besonderheiten

Eichen sind nahrhafte Bäume. Mit ihren Eicheln wurden jahrhundertelang Schweine gemästet, mit sehr wohlschmeckenden Ergebnissen. »Auf den Eichen wachsen die besten Schinken«, sagte man im Mittelalter. Ursprünglich haben sich auch Menschen von Eicheln ernährt, und in Notzeiten erinnern sie sich daran. Nach dem Zweiten Weltkrieg kursierten Rezepte, in denen Eichelmehl zum Beispiel für Bratlinge verwendet wurde. Auch als Kaffeeersatz eignen sich Eicheln, wenn man sie röstet und mahlt.

1500 Jahre alt soll die Eiche im münsterländischen Ort Erle sein. Sie war schon ein stattlicher Baum, als das Land christianisiert wurde. Im Mittelalter wurde unter ihrer Krone Gericht abgehalten. Heute wird sie von mehreren Pfeilern gestützt, und lange schon ist sie hohl: Vor etwa 250 Jahren, so wird erzählt, pflegten die Enten des Pfarrers ihre Eier in den hohlen Stamm zu legen.

DIE HEIDENEICHE ZU GADOW

Unweit von Lanz finden wir in Gadow eine imposante alte Eiche. Es heißt, dass dieser Baum bereits mehr als tausend Jahre alt sei und sich unter seinen Wurzeln sogar ein Wendenschatz verbirgt. Denn – so wird berichtet – als im Jahre 929 die fürchterliche Schlacht zwischen Deutschen und Slawen tobte, hatte der auf Burg Lenzen ansässige Slawenfürst Vorsorge getroffen, dass sein überaus wertvoller Goldschatz auf keinen Fall in die Hände der Deutschen fiel: Auf heimlichen Wegen trugen seine engsten Vertrauten die schwere Kiste mit dem kostbaren Inhalt nach Gadow, um sie,

weit genug entfernt vom Kampfgetümmel, im dichten Gestrüpp des dunklen Waldes sicher verbergen zu können. Alsbald war ein günstiger Ort gefunden, die Truhe in den Erdboden gesenkt und ein Zauberspruch aufgesagt. Die Stelle selbst wurde mit fünf Eicheln markiert. Doch niemand kehrte mehr aus der Schlacht zurück, die Getreuen des Fürsten fielen dem blutgierigen Gemetzel zum Opfer. Inzwischen waren nun vier der Eicheln verdorrt, aber die fünfte hatte ausgeschlagen. So wuchs im Laufe der Zeit ein kräftiger Baum heran – die Heideneiche. Dieser hat die Zeit überdauert und mit ihm der Wendenschatz in seinem Wurzelwerk. Warum sich noch niemand daran gemacht hat, die Goldtruhe zu heben, um reich zu werden? Der Ort wird von einem riesigen schwarzen Hund mit feurigen roten Augen, so groß wie Teller, bewacht. Nur durch dreimaliges rückwärtiges Aufsagen des Vaterunsers, was bei Vollmond und in der Geisterstunde geschehen muss, lässt sich dieser besänftigen; daraufhin muss unter tiefstem Schweigen gegraben werden. Dies ist bisher noch niemandem gelungen. Der schwarze Hund jedoch soll bisweilen zu einsamer Stunde die Menschen zwischen Lanz und Wittenberge erschrecken.

RECHTS *Ein unbekannter Künstler schuf gegen Ende des 19. Jahrhunderts dieses Bild eines Eichenwalds. Die Künstler jener Zeit malten im natürlichen Umfeld.*

DIE LETZTE SAAT

Dem Rheine näher, unweit Mühlheim, lag das Kloster Dünwald, das einst dem benachbarten Junker Hall von Schlebusch hundert Morgen seines ererbten Landes streitig machte, indem es sich auf alte vergilbte Pergamente berief. Da der Junker des kostspieligen Rechtsstreits kein Ende sah, erbot er sich vergleichsweise sein Eigentum abzutreten, wenn ihm noch eine letzte Saat bewilligt würde. Die Mönche schmunzelten und schlugen ein. Als sie aber bei der »Hagelfeier« die Felder umgingen und bei dem neuerworbenen Felde zusahen, was der Junker zu guter Letzt für Frucht gesäet habe, da es, o Schrecken! – Eichelsaat! Wohl schrieen sie über Betrug und Überlistung, da sich wohl voraussehen ließ, dass sie kein Zahn mehr schmerzen werde, wenn diese Saat zum Schnitt komme; doch vergebens: zu deutlich sprach der frisch geschriebene Vergleich; deutlicher als einst das alte Mönchspergament.

Aber lustig wuchsen die Eichen empor:
Bald knallte dort im Grünen des Junkers Rohr;
Noch sah er zur Lohe schälen manchen Schaft,
Er trank sich noch Stärkung aus braunem Eichelsaft.

Als aber weiter stürmte die Zeit im Saus,
Die Wipfel schauten über das Klosterhaus,
Da sahn sie grüne Gräber, wo längst in Ruh
Abt und Prior schliefen und die Mönche dazu.

Und höher hob sich der stolze Eichenforst,
Und als die graue Rinde verkrustend borst,
Da schüttelten die Kronen ihr herbstlich Laub
Auf des Klosters Trümmer in Schutt und Staub.

KARL SIMROCK

DIE EICHBÄUME

Aus den Gärten komm' ich zu euch, ihr Söhne des Berges!
Aus den Gärten, da lebt die Natur geduldig und häuslich,
Pflegend und wieder gepflegt mit den fleißigen Menschen zusammen.

Aber ihr, ihr Herrlichen! steht, wie ein Volk von Titanen
In der zahmeren Welt und gehört nur euch und dem Himmel,
Der euch nährt' und erzog, und der Erde, die euch geboren.
Keiner von euch ist noch in die Schule der Menschen gegangen,
Und ihr drängt euch fröhlich und frei, aus der kräftigen Wurzel,
Unter einander herauf und ergreift, wie der Adler die Beute,
Mit gewaltigem Arme den Raum, und gegen die Wolken
Ist euch heiter und groß die sonnige Krone gerichtet.
Eine Welt ist jeder von euch, wie die Sterne des Himmels

Lebt ihr, jeder ein Gott, in freiem Bunde zusammen.
Könnt' ich die Knechtschaft nur erdulden, ich neidete nimmer
Diesen Wald und schmiegte mich gern ans gesellige Leben.
Fesselte nur nicht mehr ans gesellige Leben das Herz mich,
Das von Liebe nicht lässt, wie gerne würd' ich unter euch wohnen.

FRIEDRICH HÖLDERLIN

PANIK

Tief war das Schweigen
Im Eichenhain,
Der Mond um die Blätter spann,
Und ich fühlte so eigen,
Als müsst' es sein,
Den Zauber der da begann.
Deutlicher war mir die Welt
    geworden,
Als trät' ich in einen höheren Orden.
In mir fühl' ich von Haupt zu Sohlen
Der Dinge heimliches Atemholen,
Fühlte des Baumes leibliches Leben
Oder fühlte mich selbst als Baum,
All sein mächtiges Aufwärtsstreben
Und das selige Blätterweben
Und das wohlige Dehnen im Raum.
Seiner Säfte geheimes Rinnen
Spürt' ich tief innen,
Wie sie in Zweigen
Quellen und steigen,
Tief von der Wurzel zur Krone ziehn
Bis zum feinsten Geäder des Laubes
    hin.
Und ich dachte: Was will das werden,
Gleicht mir denn jegliches Ding auf
    Erden?

Der Baum und der Strauch
Hat ein Antlitz wie meines,
Die tauigen Gräser der Wiese auch,
Alle seh' ich als eines.
Näher wuchs es und näher heran,
Und die tausend Blättergesichter
Blickten mich an,
Nah mich an wie leiblich
    verwandte,
Vor Zeiten gekannte
Züge und winkende Augenlichter.
Und so lag ich mir selbst entrückt,
Wohlig und halb beklommen,
Bis mir ein Schreck durch die
    Glieder zückt,
Als hätt' ich die Stimme Pans
    vernommen.
Fort, nur fort!
Dass Gott sich erbarme!
Dass er die langen, laubigen Arme
Nicht nach mir strecke,
Der Baumesrecke.
Der stand ruhig am alten Ort,
Unverwandt
Sah er ins Land,
Tat als hätt' er mich nie gekannt.

ISOLDE KURZ

Als ich einst unter einer Eiche botanisierte, fand ich, zwischen den übrigen Kräutern und von gleicher Größe mit ihnen, eine Pflanze von dunkler Farbe, mit zusammengezogenen Blättern und geradem, straffen Stiel. Als ich sie berührte, sagte sie mit fester Stimme: »Mich lass' stehn! Ich bin kein Kraut für dein Herbarium, wie jene andern, denen die Natur ein einjähriges Leben bestimmt hat. Mein Leben wird nach Jahrhunderten gemessen: ich bin eine kleine Eiche.« – So steht der, dessen Wirkung sich auf Jahrhunderte erstrecken soll, als Kind, als Jüngling, oft noch als Mann, ja, überhaupt als Lebender, scheinbar den übrigen gleich und wie sie unbedeutend. Aber lasst nur die Zeit kommen und mit ihr die Kenner! Er stirbt nicht wie die übrigen.

ARTHUR SCHOPENHAUER

STECKBRIEF BUCHE

Höhe: bis 44 Meter
Alter: über dreihundert Jahre

Allgemeines
Wenn es mit rechten Dingen zuginge, dann wären Buchen die dominierenden Bäume in deutschen Wäldern. So wie es vor zweitausend Jahren war, als die römischen Dichter schaudernd von der Kälte und Dunkelheit der schattigen Buchenwälder schrieben, die das ganze Germanien bedeckten. Doch wann geht es im Wald schon einmal mit rechten Dingen zu? Der Mensch bestimmt, was dort wächst, und so sind Buchen zwar noch immer die häufigsten Laubbäume im Wald, haben aber nur einen Anteil von 15 Prozent an allen Baumarten zusammengenommen. Ihre weite Verbreitung verdanken sie der Tatsache, dass sie den Schatten lieben. So können sie auch unter dem Dach anderer Bäume heranwachsen.

Junge Buchen hießen früher Heister, wovon noch einige alte

Namen Zeugnis ablegen. So erinnert die Chorruine des Klosters Heisterbach an die Buchen in einem stillen Tal des Siebengebirges, in dem vor mehr als achthundert Jahren Mönche ein Zisterzienserkloster gründeten.

Holznutzung

Kein anderer Baum ist so vielseitig. Rund 250 Verwendungsarten für Buchenholz sind bekannt. Ob als Parkett, Treppenstufe, Wandverkleidung oder Möbel – es ist überall im Haus zu finden. Für Spielwaren, Küchenutensilien und Werkzeugteile wird es seit jeher genutzt. Als Brennholz ist Buche erste Wahl. Nur eine Verwendungsart gehört der Vergangenheit an: Wäscheklammern werden heute weitgehend aus Plastik hergestellt.

Besonderheiten

Die Wörter »Buche« und »Buch« klingen nicht zufällig fast gleich. Sie sind sozusagen aus einem Holz geschnitzt, wobei sie einen Umweg über den »Buchstaben« nehmen. Die germanischen Runen wurden häufig in Stäbchen aus Buchenholz (althochdeutsch *buohstap*) geritzt. Diese wurden als Orakel zum Beispiel vor wichtigen Entscheidungen ausgeworfen und anschließend eingesammelt – also »gelesen«.

Rekorde

Buchenholz ist schwer, hart und wenig elastisch. Wird es gedämpft, erreicht es jedoch eine erstaunliche Biegsamkeit. Das machten sich auch Designer zunutze. Am berühmtesten wurden die elegant geschwungenen Caféhausstühle von Michael Thonet: Sein Wiener Stuhl Nr. 14 wurde bis heute weltweit über sechzig Millionen Mal verkauft.

OBEN *Adalbert Stifter malte diese Darstellung eines Baumstamms. Als Schriftsteller ist der Österreicher gerade auf dem Gebiet der Naturbeschreibung berühmt (Der Hochwald). Dabei sah der junge Stifter seine Zukunft in der Malerei. Der Blick des Malers ist auch in seinen Landschaftsschilderungen deutlich zu erkennen.*
OBEN LINKS *Eine tausendjährige Eiche im fränkischen Bad Brückenau.*

Leise ruft der Buchenwald.
Winkt mit seinen jungen Zweigen
weit hinaus ins Wiesenschweigen.

Kommt mein blonder Liebling bald
mir die tiefen Wege zeigen,
wo die Lichter wie Elfen reigen?

Kommt mein blonder Liebling bald?

Grüßend wird meine Seele sich neigen.
Meine Seele ist maieneigen
wie der rufende Buchenwald.

RAINER MARIA RILKE

DIE SCHÖNE BUCHE

Ganz verborgen im Wald kenn ich ein Plätzchen, da stehet
    Eine Buche, man sieht schöner im Bilde sie nicht.
Rein und glatt, in gediegenem Wuchs erhebt sie sich einzeln,
    Keiner der Nachbarn rührt ihr an den seidenen Schmuck.
Rings, soweit sein Gezweig der stattliche Baum ausbreitet,
    Grünet der Rasen, das Aug still zu erquicken, umher;
Gleich nach allen Seiten umzirkt er den Stamm in der Mitte;
    Kunstlos schuf die Natur selber dies liebliche Rund.
Zartes Gebüsch umkränzet es erst; hochstämmige Bäume,
    Folgend in dichtem Gedräng, wehren dem himmlischen Blau.
Neben der dunkleren Fülle des Eichbaums wiegt die Birke
    Ihr jungfräuliches Haupt schüchtern im goldenen Licht.
Nur wo, verdeckt vom Felsen, der Fußsteig jäh sich hinabschlingt,
    Lässet die Hellung mich ahnen das offene Feld.
– Als ich unlängst einsam, von neuen Gestalten des Sommers
    Ab dem Pfade gelockt, dort im Gebüsch mich verlor,
Führt' ein freundlicher Geist, des Hains auflauschende Gottheit,

Hier mich zum ersten Mal, plötzlich, den Staunenden, ein.
Welch Entzücken! Es war um die hohe Stunde des Mittags,
    Lautlos alles, es schwieg selber der Vogel im Laub.
Und ich zauderte noch, auf den zierlichen Teppich zu treten;
    Festlich empfing er den Fuß, leise beschritt ich ihn nur.
Jetzo gelehnt an den Stamm (er trägt sein breites Gewölbe
    Nicht zu hoch), ließ ich rundum die Augen ergehn,
Wo den beschatteten Kreis die feurig strahlende Sonne,
    Fast gleich messend umher, säumte mit blendendem Rand.
Aber ich stand und rührte mich nicht; dämonischer Stille,
    Unergründlicher Ruh lauschte mein innerer Sinn.
Eingeschlossen mit dir in diesem sonnigen Zauber-
    Gürtel, o Einsamkeit, fühlt ich und dachte nur dich!

EDUARD MÖRIKE

RÄTSEL

Es flog was über den Graben,
Hatte zwei Seiten und keinen Magen.

❧ Das Baumblatt ❧

Wer an den Wald in früheren Zeiten denkt, der stellt sich gern eine intakte Natur vor, zu der selbstverständlich auch äsende Rehe und röhrende Hirsche gehörten. Tatsächlich hat sich der Tierbestand in den vergangenen zweihundert Jahren stark verändert, aber anders, als man vermuten würde. Einige Beispiele aus dem Bayerischen Wald.

Vor gut 150 Jahren gab es viel weniger Rehe als heute. Der Grund: Als nach der Revolution im Jahr 1848 das Jagdrecht freigegeben wurde, durfte jeder Bauer auf seinem Grund selber jagen. Infolgedessen schrumpfte die Rehpopulation so stark, dass die Tiere Seltenheitswert bekamen. Hatte ein Bauer einmal das Glück, ein Reh zu erlegen, so lud er das Tier zunächst auf einen Karren und zog damit durch die Dörfer, um seine Beute den staunenden Kindern zu zeigen.

Der Fuchs mit erbeutetem Rehkitz und die Braunbärin mit Jungen sind Illustrationen aus Brehms Tierleben. *Der Schriftsteller Alfred Brehm schrieb dieses Werk ab 1863. Seinen Erfolg verdankt es nicht zuletzt den Tierdarstellungen, für Charles Darwin die besten, die er je gesehen hatte.*

Auch Wildschweine fehlten vor allem in den höheren Waldlagen fast völlig. Erst seit den 1980er Jahren haben sie sich kräftig vermehrt. Dafür sind in erster Linie Veränderungen in der Landwirtschaft verantwortlich: Es wird viel mehr Mais angebaut als früher, und Wildschweine sind begeisterte Maisfresser. Durch den vermehrten Anbau bekommen sie reichlich Futter und pflanzen sich entsprechend rasant fort. Inzwischen sind sie nicht nur in höhere Waldlagen eingewandert, sondern werden allmählich auch in bewohnten Gebieten zur Plage.

Einen Sonderfall bildeten die Hirsche im Bayerischen Wald. Im 18. Jahrhundert war Rotwild ein begehrtes Objekt für Wilderer. Deshalb wurde auf Veranlassung der böhmischen Fürsten zu Schwarzenberg das Rotwild völlig ausgerottet mit der Begründung, dass durch die häufigen Schießereien mit Wilderern der Verlust an Forstpersonal zu groß sei. In den bayerischen und böhmischen Wäldern sind bis heute Gedenksteine für die Opfer solcher Schießereien zu finden. Erst ab 1870 wurden nach und nach einzelne Hirsche aus Gehegen freigelassen. Fast schon makaber mutet es an, dass sich die Population durch die großen Kriege des vergangenen Jahrhunderts erholte, da in diesen Zeiten weniger gejagt wurde.

Wer bei diesen Veränderungen wirklich auf der Strecke blieb, waren die sogenannten Großräuber: Wölfe, Luchse und Bären starben vor allem deshalb aus, weil sie nicht mehr genug kleinere Tiere reißen konnten. Erst seit einigen Jahren ändert sich die Situation allmählich: Der Luchs kehrte durch Auswilderung zurück. Vereinzelt wandern Wölfe ein, von den Städtern begrüßt, von der Landbevölkerung eher skeptisch beobachtet. Nur der Bär wird wohl noch für lange Zeit aus unseren heimischen Wäldern verschwunden sein.

DAS REH AUF DER LEINWAND

Bambi, das berühmteste Reh der Welt, wurde nicht von Walt Disney und auch nicht in Hollywood erfunden. Der österreichisch-ungarische Schriftsteller Siegmund Salzmann veröffentlichte die Geschichte 1923 unter dem Pseudonym Felix Salten und wurde damit weltbekannt. Der Film brachte dem großäugigen Tier den endgültigen Durchbruch. Disney machte aus dem Reh einen jungen Weißwedelhirsch, da es in den USA keine heimischen Rehe gibt. Auch einige besonders düstere Szenen strich er aus der Vorlage heraus. Trotzdem müssen bis heute schluchzende Kinder getröstet werden, wenn Bambis Mutter von Jägerhand niedergestreckt wird. Salzmann/Salten soll die Filmrechte für fünftausend Dollar verkauft haben. Er konnte nie mehr an den Erfolg dieses Buches anknüpfen und fühlte sich um die Früchte seiner Arbeit betrogen: Der Disney-Film hat seit seiner Uraufführung im Jahr 1942 in New York mehr als eine halbe Milliarde Dollar eingespielt.

OBEN *Rehe am Waldrand sind für Maler und Fotografen ein beliebtes Motiv. Mit ihren großen braunen Augen sind die Tiere ein Symbol für Unschuld, Verletzlichkeit und Sanftmut. In der Antike galten Rehe als heilige Tiere.*

Ich stehe am Rand einer Wiese, die von jungem Fichtenwalde umfriedet ist. In meiner nächsten Nähe, aus dem Dickicht, ist ein Tier aufgefahren, welches in Sprüngen über die Wiese hinsetzt und am jenseitigen Rande stehen bleibt. Es ist ein Reh. Dort steht es nun, hält hoch seinen Kopf und lauert. Ich halte mich wie ein Baumstrunk. Ich dürste sonst nicht nach Blut, es wäre denn bisweilen nach dem der Trauben – aber jetzt folge ich einer angeborenen Neigung des Menschen, hebe meinen Wacholderstock, lege ihn an die Wange, wie ein Gewehr, und ziele gegen die Brust des Wildes. Das steht dort, etwa hundertundzwanzig Schritte von mir entfernt, und blickt zu mir herüber. Es weiß recht gut, dass ein Wacholderner nicht losgeht. Endlich hebt es zu grasen an. Ich setze den Stock wieder zur Erde und trete weiter auf die Wiese hinaus. Das Reh hebt rasch sein Haupt und ich meine, jetzt und jetzt werde es davonstieben. Aber es eilt nicht, es leckt an seinem Hinterkörper, und mit seinem Fuße graut es sich hinter den Ohren – dann sieht es mich wieder an und beginnt zu grasen.

PETER ROSEGGER

KNÖCHERNE PRACHT

Jahr für Jahr produzieren Hirsche ein neues Geweih. Der Stirnschmuck besteht aus Knochensubstanz und wird bis zu zwölf Kilo schwer – das sind dreißig Prozent des gesamten Skelettgewichts. Die Hirsche scheint das nicht zu stören, im Gegenteil: In der Brunftzeit sind sie völlig auf ihr Geweih fixiert, graben damit im Boden herum, schlagen Artgenossen in die Flucht und spielen sich vor Hirschkühen auf. Von Juni bis Januar hält die Pracht, dann trocknet der Bast aus und wird vom Hirsch abgestreift. Der zieht sich, um einiges leichter, scheu zurück und versteckt sich im Dickicht – bis zum nächsten Mal.

LEUCHTENDER HIRSCH

Ein frommer Einsiedler des Brudertals pflegte jeden Morgen ins Kloster Schuttern oder, wenn Mönche von dort sich in Heiligenzell aufhielten, nach diesem zur Kirche zu gehen. Abends trat er den Rückweg an, auf dem sich, wenn es dunkel war, am Anfang des Waldes ein Hirsch zu ihm gesellte, welcher ein Licht zwischen den Hörnern hatte und ihm bis zu seiner Klause leuchtete. Einmal war der Weg vom Regen so schlüpfrig, dass der Waldbruder aus einem

Weinberg einen Pfahl nahm, um sich beim Gehen darauf zu stützen. Als er in den Wald kam, war kein Hirsch da, und er musste im Finstern nach Hause tappen. Auch an den zwei folgenden Tagen ließ der Hirsch sich nicht sehen. Da erinnerte der Einsiedler sich des Rebpfahles, tat ihn dahin, woher er ihn genommen, und hierauf fand der Hirsch sich wieder ein und leuchtete ihm wie zuvor.

Bald nach dem Eßen nahmen wir wieder unseren Wanderstab zur Hand, nicht ahnend, welcherley mannigfache Ebentheuer uns diesen Nachmittag erwarteten. Unser Marsch theilte sich in 2 Colonnen: Schöpp, als einstweiliger Marodeur, wanderte die gerade Straße nach Blankenburg; wir beyde aber mietheten uns 2 Führerinnen, die unser Gepäke trugen, u. uns über den Mädchensprung u. die Teufelsmühle nach der Drathmühle leiten sollten. Lange durchwandelten wir zuerst einen schönen dunkeln Erlen- u. Eichen-Wald, u. dann den großen Thiergarten des Fürsten Bernburg, als uns plötzlich auf einem sich herabsenkenden Hohlweege die Ansicht des ächt-schweitzerischen Thales des Dörfchens: Mägdesprung überraschte. Alsobald erkletterten wir den Felsengipfel des unmittelbar daran stoßenden Berges: *Mägdesprung*; u. mit Schauder blikten wir hinab in die heilige Einsamkeit des schwartze berühmten Selkethals, deßen grause Stille nur durch das monotone Rauschen der Selke noch fürchterlicher gemacht wird. Von hier gieng es, obschon es bereits anfieng dunkel zu werden, zu der *Teufelsmühle*, diesem fürchterlichen Kolloße von der Natur selbst kühnaufgethürmter Felsenmaßen, die wir mit vieler Mühe erklimmten, u. so mitten aus dem beengenden Dunkel des Waldes eine unbeschränkte Aussicht genoßen. Bald darauf hatten wir das Vergnügen, eine Heerde weidender Rehe auf einer gantz nahen Wiese zu belauschen. Nun gieng es immer tiefer in die grause Nacht des unendliches Waldes hinein. Schon blikte der Mond durch die ernsten Gipfel der Eichen, u. rings um uns war es still wie in einer Gruft, als uns plötzlich etwas aus dem Dikkicht anschnaubte. Wir blikten umher – u. siehe – ein

UNTEN *Wo ein Frischling ist, da ist eine aufgeregte Bache meist nicht weit. Bei einer solchen Begegnung empfehlen Fachleute, stehen zu bleiben oder sich langsam zurückzuziehen und den Tieren dabei eine Fluchtmöglichkeit zu lassen.*

großer wilder Eber, eine Bache u. mehrere Frischlinge standen mit blitzenden Augen vor uns. Eh wir uns besinnen können, kommt die gesammte wilde Familie mit wüthenden Gebährden auf uns los, die beyden Führerinnen nehmen mit großem Angstgeschrey Reisaus, Wilhelm hinterdrein, und die Schweine beschließen verfolgend die Suite. Ich rettete mich auf einen hohen Baumsturtz, bis endlich die Waldfamilie das inhumane Project aufgab uns einzuhohlen, u. seitwärts in den Forst ablenkte. Kaum hatten wir uns von diesem Schreken erhohlt, als uns die beyden Führerinnen durch ihr Geständniß, sich gäntzlich verirrt zu haben, nicht minder erschrekten. Nur mit matter Dämmerung beleuchtete der Mond einen unbetretnen Fußsteig, der sich endlich nach u. nach auch im Dikkicht verlohr. So, abgeschieden von aller Welt, irrten wir, oft nach Lubowitz denkend, hin u. her, u. lauschten oft vergebens, ob wir nicht etwa durch die stille Nacht den Hammerschlag der Drathmühle hören möchten, bis wir endlich nach langem Umherirren eine Schenke erreichten; da diese aber mitten im Walde lag, u. wie wir durch die Fenster sahen, voll wilder bärtiger Männer war, so fanden wir es nicht für rathsam, hier mit unserem Gelde zu übernachten, sondern liefen, ohngeachtet unserer großen Mattigkeit über Feld, Busch u. Graben noch bis zum Wirthshause des nächsten Dorfes: Suderode, wo wir dann eine halbe Meile vom Stufenberge entfernt waren, den wir zu Mittag verlaßen hatten – –. Nachdem wir hier die schon schlafenden Wirthsleute mit vieler Mühe gewekt u. etwas Butterbrodt zu uns genommen hatten, ruhten wir auf einer elenden Streu, so gut es gieng, von diesem abentheuerlichen Tage aus.

JOSEPH VON EICHENDORFF

DER WUNDERLICHE SPIELMANN

Es war einmal ein wunderlicher Spielmann, der ging durch einen
Wald mutterselig allein und dachte hin und her, und als für seine
Gedanken nichts mehr übrig war, sprach er zu sich selbst: »Mir
wird hier im Walde Zeit und Weile lang, ich will einen guten Gesellen herbeiholen.« Da nahm er die Geige vom Rücken und fiedelte eins, dass es durch die Bäume schallte. Nicht lange, so kam ein
Wolf durch das Dickicht dahergetrabt. »Ach, ein Wolf kommt!
Nach dem trage ich kein Verlangen«, sagte der Spielmann, aber der
Wolf schritt näher und sprach zu ihm: »Ei, du lieber Spielmann,
was fiedelst du so schön: das möcht' ich auch lernen.« – »Das ist bald
gelernt«, antwortete ihm der Spielmann, »du musst nur alles tun,
was ich dich heiße.« – »O Spielmann«, sprach der Wolf, »ich will
dir gehorchen wie ein Schüler seinem Meister.« Der Spielmann
hieß ihn mitgehen, und als sie ein Stück Wegs zusammen gegangen
waren, kamen sie an einen alten Eichbaum, der innen hohl und in

der Mitte aufgerissen war. »Sieh her«, sprach der Spielmann, »willst du fiedeln lernen, so lege die Vorderpfoten in diesen Spalt.« Der Wolf gehorchte, aber der Spielmann hob schnell einen Stein auf und keilte ihm die beiden Pfoten mit einem Schlag so fest, dass er wie ein Gefangener da liegen bleiben musste. »Warte da so lange, bis ich wiederkomme«, sagte der Spielmann und ging seines Weges.

LINKS *Künstler, Komödianten und fahrendes Volk in freier Natur, das sind Motive, die sich in vielen Werken Carl Spitzwegs finden, wie hier auf dem Bild* Geigender Einsiedler *(vor 1863).*

Über eine Weile sprach er abermals zu sich selber: »Mir wird hier im Walde Zeit und Weile lang, ich will einen andern Gesellen herbeiholen«, nahm seine Geige und fiedelte wieder in den Wald hinein. Nicht lange, so kam ein Fuchs durch die Bäume dahergeschlichen. »Ach, ein Fuchs kommt!«, sagte der Spielmann, »nach dem trage ich kein Verlangen.« – Der Fuchs kam zu ihm heran und sprach: »Ei, du lieber Spielmann, was fiedelst du so schön! Das möcht' ich auch lernen.« – »Das ist bald gelernt«, sprach der Spielmann, »du musst nur alles tun, was ich dich heiße.« – »O Spielmann«, antwortete der Fuchs, »ich will dir gehorchen wie ein Schüler seinem Meister.« – »Folge mir«, sagte der Spielmann, und als sie ein Stück Wegs gegangen waren, kamen sie auf einen Fußweg, zu dessen beiden Seiten hohe Sträucher standen. Da hielt der Spielmann still, bog von der einen Seite ein Haselnussbäumchen zur Erde herab und trat mit dem Fuß auf die Spitze; dann bog er von der andern Seite noch ein Bäumchen herab und sprach: »Wohlan, Füchslein, wenn du etwas lernen willst, so reich mir deine linke Vorderpfote.« Der Fuchs gehorchte, und der Spielmann band ihm die Pfote an den linken Stamm. »Füchslein«, sprach er, »nun reich mir die rechte«, die band er ihm an den rechten Stamm. Und als er nachgesehen hatte, ob die Knoten der Stricke auch fest genug waren, ließ er los, und die Bäumchen fuhren in die Höhe und schnellten das Füchslein hinauf, dass es in der Luft schwebte und zappelte. »Warte da so lange, bis ich wiederkomme«, sagte der Spielmann und ging seines Weges.

Wiederum sprach er zu sich: »Zeit und Weile wird mir hier im Walde lang; ich will einen andern Gesellen herbeiholen«, nahm seine Geige, und der Klang erschallte durch den Wald. Da kam ein Häschen dahergesprungen. »Ach, ein Hase kommt!«, sagte der Spielmann, »den wollte ich nicht haben.« – »Ei, du lieber Spielmann«, sagte das Häschen, »was fiedelst du so schön, das möchte ich auch lernen.« – »Das ist bald gelernt«, sprach der Spielmann, »du musst nur alles tun, was ich dich heiße.« – »O Spielmann«, antwortete das Häslein, »ich will dir gehorchen wie ein Schüler seinem Meister.« Sie gingen ein Stück Wegs zusammen, bis sie zu einer lichten Stelle im Wald kamen, wo ein Espenbaum stand. Der Spielmann band dem Häschen einen langen Bindfaden um den Hals, wovon er das andere Ende an den Baum knüpfte. »Munter, Häschen, jetzt spring mir zwanzigmal um den Baum herum«, rief der Spielmann, und das Häschen gehorchte, und wie es zwanzigmal herumgelaufen war, so hatte sich der Bindfaden zwanzigmal um den Stamm gewickelt, und das Häschen war gefangen, und es mochte ziehen und zerren, wie es wollte, es schnitt sich nur den Faden in den weichen Hals. »Warte da so lange, bis ich wiederkomme«, sprach der Spielmann und ging weiter.

Der Wolf indessen hatte gerückt, gezogen, an dem Stein gebissen und so lange gearbeitet, bis er die Pfoten freigemacht und wieder aus der Spalte gezogen hatte. Voll Zorn und Wut eilte er hinter dem Spielmann her und wollte ihn zerreißen. Als ihn der Fuchs laufen sah, fing er an zu jammern und schrie aus Leibeskräften: »Bruder Wolf, komm mir zur Hilfe, der Spielmann hat mich betrogen.« Der Wolf zog die Bäumchen herab, biss die Schnüre entzwei und machte den Fuchs frei, der mit ihm ging und an dem Spielmann Rache nehmen wollte. Sie fanden das gebundene Häschen, das sie ebenfalls erlösten, und dann suchten alle zusammen ihren Feind auf.

Der Spielmann hatte auf seinem Weg abermals seine Fiedel erklingen lassen, und diesmal war er glücklicher gewesen. Die Töne drangen zu den Ohren eines armen Holzhauers, der alsbald, er mochte wollen oder nicht, von der Arbeit abließ und mit dem Beil unter dem Arme herankam, die Musik zu hören. »Endlich kommt doch der rechte Geselle«, sagte der Spielmann, »denn einen Menschen suchte ich und keine wilden Tiere.« Und fing an und spielte so schön und lieblich, dass der arme Mann wie bezaubert da stand, und ihm das Herz vor Freude aufging. Und wie er so stand, kamen der Wolf, der Fuchs und das Häslein heran, und er merkte wohl, dass sie etwas Böses im Schilde führten. Da erhob er seine blinkende Axt und stellte sich vor den Spielmann, als wollte er sagen: »Wer an ihn will, der hüte sich, der hat es mit mir zu tun.« Da ward den Tieren angst, und liefen in den Wald zurück, der Spielmann aber spielte dem Manne noch eins zum Dank und zog dann weiter.

BRÜDER GRIMM

GEISS UND SCHLEICHE

Die Schleiche singt ihr Nachtgebet,
die Waldgeiß staunend vor ihr steht.

Die Waldgeiß schüttelt ihren Bart
wie ein Magister hochgelahrt.

Sie weiß nicht, was die Schleiche singt,
sie hört nur, dass es lieblich klingt.

Die Schleiche fällt in Schlaf alsbald.
Die Geiß geht sinnend durch den Wald.

CHRISTIAN MORGENSTERN

DAS ABENTEUER IM WALDE

Es regnete, was vom Himmel herunter wollte. Die Tannen schüttelten den Kopf und sagten zueinander: »Wer hätte am Morgen gedacht, dass es so kommen würde!« Es tropfte von den Bäumen auf die Sträucher, von den Sträuchern auf das Farrenkraut und lief in unzähligen kleinen Bächen zwischen dem Moose und den Steinen. Am Nachmittag hatte der Regen angefangen, und nun wurde es schon dunkel, und der Laubfrosch, der vor dem Schlafengehen noch einmal nach dem Wetter sah, sagte zu seinem Nachbar: »Vor morgen früh wird es nicht aufhören.«

Derselben Ansicht war eine Ameise, die bei diesem Wetter im Wald spazierenging. Sie war am Vormittag mit Eiern in Tannenberg auf dem Markt gewesen und trug jetzt ihren Erlös in einem kleinen, blauen Leinwandbeutel nach Hause. Bei jedem Schritt seufzte und jammerte sie. »Das Kleid ist hin«, sagte sie, »und der Hut auch! Hätt' ich nur den Regenschirm nicht stehen lassen, oder hätt' ich wenigstens die Galoschen angezogen! Aber mit Zeugschuhen in solchem Regen ist gar kein Weiterkommen.«

UNTEN *Fröhlich und unbeschwert fiedeln die Grillen den Sommer lang und sorgen sich nicht darum, was sie im Winter zu fressen haben.*

Während sie so sprach, sah sie gerade in der Dämmerung einen großen Pilz. Freudig ging sie darauf zu. »Das passt«, rief sie, »das ist ja ein Wetterdach, wie es nicht besser bestellt werden kann. Hier bleib' ich, bis es aufhört zu regnen. Wie es scheint, wohnt hier niemand, desto besser! Ich werde mich sogleich häuslich einrichten.« Das tat sie denn auch. Sie war eben daran, das Regenwasser aus den Schuhen zu gießen, als sie bemerkte, dass draußen eine kleine Grille stand, die auf dem Rücken ihr Violinchen trug.

»Hör', Ameischen«, hub die Grille an, »ist es erlaubt, hier unterzutreten?«

»Nur immer heran«, erwiderte die Ameise, »es ist mir lieb, dass ich Gesellschaft bekomme.«

»Ich habe heute«, sagte die Grille, »im Heidekrug zur Kirmes aufgespielt. Es ist ein bisschen spät geworden, und nun freue ich mich, dass ich hier die Nacht bleiben kann, denn das Wetter ist ja schrecklich, und wer weiß, ob ich noch ein Wirtshaus offen finde.«

Also trat Grillchen ein, hing ihr Violinchen auf und setzte sich zu der Ameise. Noch nicht lange saßen sie da, als sie in der Ferne ein Lichtchen schimmern sahen. Als es näher kam, wies es sich als ein Laternchen aus, das ein Johanniswürmchen in der Hand trug. »Ich bitte Euch«, sagte das Johanniswürmchen höflich grüßend, »lasst mich die Nacht hierbleiben. Ich wollte eigentlich nach Moosbach zu meinem Vetter, habe mich aber im Walde verirrt und weiß weder aus noch ein.«

»Nur immer zu«, sagten die beiden. »Es ist recht gut für uns, dass wir Beleuchtung bekommen.« Gern folgte das Johanniswürmchen der Aufforderung und stellte sein Laternchen auf den Tisch. Der Schein des Lichtchens führte ihnen einen Wanderer zu, der ziemlich ungeschickt über Laub und Moos herangestolpert kam. Es war ein Käfer von der großen Art. Ohne guten Abend zu sagen, trat er näher. »Aha!«, rief er, »so bin ich doch recht gegangen, und dies ist die Zimmergesellen-Herberge.« Mit diesen Worten setzte er sich, holte seinen Schnappsack hervor und begann, sein Abendbrot zu verzehren. »Ja, ja«, sagte er, »wenn man den ganzen Tag über Holz gebohrt hat, dann schmeckt das Essen.« Als er mit dem Essen fertig war, stopfte er sich seine Pfeife, ließ sich vom Johanniswürmchen Feuer geben, zündete an und fing ganz gemütlich an zu rauchen. Unterdessen war es draußen ganz dunkel geworden und das Wetter schlimmer als vorher; da traf zur allgemeinen Verwunderung noch ein später Gast ein. Schon seit längerer Zeit hörte man in der Ferne ein eigentümliches Schnaufen; dies kam langsam näher und näher, und endlich erschien unter dem Pilze eine Schnecke, die ganz außer Atem war. »Das nenne ich laufen!«, rief sie, »wie ein Tausendfuß bin ich gejagt, ordentlich das Milzstechen hab' ich bekom-

85

men. Ich will nur gleich bemerken, dass ich im nächsten Dorf einen Brief bestellen muss, der Eile hat. Aber niemand kann über seine Kräfte, besonders wenn er sein Haus trägt. Wenn die Gesellschaft erlaubt, will ich hier ein paar Stündchen rasten; dann kann ich nachher wieder galoppieren, als gelte es, die Eisenbahn einzuholen.« Niemand hatte etwas dagegen, dass sich die Schnecke ein gemütliches Plätzchen aussuchte. Da setzte sie sich vor ihre Haustür, holte ein Strickzeug hervor und fing an zu stricken. So waren nun die Fünfe da versammelt, als die Ameise das Wort nahm und also sprach: »Warum sitzen wir hier so trübselig beieinander und langweilen uns, da wir uns doch die Zeit auf angenehme Weise verkürzen könnten? Ich habe gedacht, dass wir uns Geschichten erzählen, und gern würde ich selbst den Anfang machen, wenn ich nur eine recht hübsche Erzählung wüsste. Nun ist mir aber eben etwas noch Besseres eingefallen. Ich sehe, dass die Grille ihr Violinchen bei sich hat. Wenn sie nicht gar zu müde ist, möcht' ich sie bitten, uns ein lustiges Stückchen zu spielen, damit wir eins tanzen können.«

Dieser Vorschlag der Ameise fand allgemeinen Beifall. Die Grille aber ließ sich nicht lange nötigen, sondern stellte sich sogleich mit ihrem Violinchen in die Mitte und spielte das lustige Tänzchen herunter, was sie auswendig wusste, während die andern um sie herumtanzten. Nur die Schnecke tanzte nicht mit. »Ich bin«, sagte sie, »nicht gewöhnt an das schnelle Herumwirbeln; mir wird zu leicht schwindlig. Aber tanzt, so viel ihr wollt, ich sehe mit Vergnügen zu und mache meine Bemerkungen.« Die andern ließen sich denn auch gar nicht stören, sondern vollführten einen Jubel, dass man es auf drei Schritte Entfernung hören konnte. Aber ach! durch welch ein furchtbares, ungeahntes Ereignis wurde plötzlich ihr Fest unterbrochen. Der Pilz, unter welchem die lustige Gesellschaft tanzte, gehörte leider einer alten Kröte. An schönen Tagen saß sie oben auf dem Dache, wie die Kröten zu tun pflegen; trat aber schlechtes Wetter ein, so kroch sie unter den Pilz, und es konnte ihretwegen regnen von Pfingsten bis Weihnachten.

Diese Kröte war nun am Nachmittag nach dem nächsten Moor zu ihrer Base, einer Unke, gegangen und hatte sich mit derselben bei Kaffee und Napfkuchen so viel erzählt, dass es darüber dunkel

geworden war. Jetzt am Abend kam sie ganz leise nach Hause geschlichen. Über dem Arm hatte sie ihren Arbeitsbeutel hängen, und in der Hand trug sie einen roten Regenschirm. Als sie in ihrem Hause den Jubel hörte, trat sie noch leiser auf; so kam es, dass die Leutchen drinnen sie nicht eher gewahr wurden, als bis sie mitten unter ihnen stand.

UNTEN *Frosch und Schnecke (Seite 85) entstammen Peter Candids Tierbuch aus dem 16. Jahrhundert.*

Das war eine unerwartete Störung. Der Käfer fiel vor Schreck auf den Rücken, und es dauerte fünf Minuten, ehe er wieder auf die Beine kommen konnte. Das Leuchtkäferchen dachte zu spät daran, dass es sein Laternchen hätte auslöschen sollen, um in der Dunkelheit zu entwischen. Die Grille ließ mitten im Takt ihr Violinchen fallen, die Ameise sank aus einer Ohnmacht in die andere, und selbst die Schnecke, die sonst nicht leicht aus der Fassung zu bringen ist, bekam Herzklopfen. Sie wusste sich aber schnell zu helfen; sie kroch in ihr Häuschen, riegelte die Türe hinter sich ab und sprach zu sich: »Was da will, kann kommen! Ich bin für niemand zu Hause.« Nun hättet ihr aber hören sollen, wie die Kröte die armen Leute heruntermachte. »Sieh einmal an«, rief sie zornig und schwang ihren Regenschirm, »da hat sich ja ein schönes Lumpengesindel zusammengefunden! Ist das hier eine Herberge für Landstreicher und Dorfmusikanten? Ich sage es ja: Nicht aus dem Hause kann man sich rühren, gleich geht der Unfug los! Augenblicklich packt jetzt eure Siebensachen ein, und dann fort mit euch, oder ich will euch Beine machen!« Was war zu tun? Die armen Leute wagten gar nicht, sich erst aufs Bitten zu legen, sondern nahmen still ihre Siebensachen auf, riefen der Schnecke durchs Schlüsselloch zu, dass sie mitkommen sollte, und als auch diese sich fertig gemacht hatte, zogen sie alle zusammen von dannen. Das war ein kläglicher Auszug! Voran das Johanniswürmchen, um auf dem Wege zu leuchten, dann der Käfer, hierauf die Ameise, darauf das Grillchen und zuletzt die Schnecke. Der Käfer, der eine gute Zunge hatte, rief von Zeit zu Zeit: »Ist hier kein Wirtshaus?« Aber alles Rufen war vergeblich. Als sie eine Strecke gegangen waren, merk-

ten sie, dass die Schnecke nicht mehr bei ihnen war. Sie riefen alle zusammen in den Wald zurück: »Schnecke, Schnecke! Beeil dich!«, erhielten aber keine Antwort. Die Schnecke musste wohl so weit zurückgeblieben sein, dass sie die Rufe nicht mehr hören konnte. Die anderen zogen betrübt weiter, und nach langem Umherirren fanden sie unter einer Baumwurzel ein leidlich trockenes Plätzchen. Da brachten sie die Nacht zu, unter großer Unruhe und ohne viel zu schlafen. Waren sie auch mit heiler Haut davongekommen, es blieb doch immerhin ein schlimmes Abenteuer, und die mit dabeigewesen sind, werden daran denken, solange sie leben.

BAUMEISTER AMEISE

Wer an Waldtiere denkt, dem fällt bestimmt nicht als Erstes die Rote Waldmeise ein. Und doch hält dieses eher unscheinbare Tier erstaunliche Rekorde. Aus verschiedenen Pflanzenmaterialien und Erde errichten die rund sechs Millimeter langen Insekten Nestkuppeln, die bis zu zwei Meter hoch sind und einen Durchmesser von fünf Metern erreichen. Dabei transportieren sie unter anderem Fichtennadeln und Zweige, die rund vierzigmal so schwer sind wie sie selbst.

In einem Ameisenhügel leben zwischen zweihunderttausend und zwei Millionen Ameisen. Sie bilden einen Staat, in dem jeder Bewohner genau festgelegte Aufgaben hat. Das verzweigte System aus Räumen und Gängen setzt sich unterirdisch bis zu zwei Meter tief fort.

Auch wenn es angesichts des Gewimmels auf dem Waldboden nicht so aussieht: Rote Waldameisen sind vom Aussterben bedroht und stehen unter Artenschutz. Straßenbau, der Einsatz von Pflanzenschutzmitteln und Insektiziden sowie die Übersäuerung der Waldböden haben dazu geführt, dass die Tiere immer seltener werden.

DER WALD IM KLEINEN

All mein Lebtag hab' ich keine so merkwürdige Webematte gesehen als dieses bunte, wunderbare Flechtwerk des Moosbodens. Das ist ein Wald im Kleinen und in dem Schoße seines Schattens ruhen vielleicht wieder Wesen, die wie ich das ewige Gewebe der Schöpfung betrachten. Hei, wie die Ameisen eilen und rennen, wie sie mit ihren haardicken Armen der kleinen Dinge kleinste umklammern, mit ihrem ätzenden Saft alles Feindliche zu vergiften meinen; sie wollen gewiss auch noch die Welt gewinnen vor dem Jüngsten Tag.

Ein glänzender Käfer hat ihnen lange zugesehen, er denkt verächtlich über die mühsam Kriechenden, denn er selbst hat Flügel. Jetzt flattert er übermütig empor und funkelnd kreist er hin, und plötzlich ist er umgarnt und gefesselt in Stricken. Die Spinne hat an diesem Dinge schon lange still und emsig gearbeitet; ein Schleier, wie zarter keiner geflochten wird auf Erden, ist des strahlenden Käfers Leichenkleid geworden.

PETER ROSEGGER

FEURIGER KÄFER

Für den Schwarzen Kiefernprachtkäfer sind Waldbrände lebenswichtig. Ohne Feuer würde er bald aussterben, denn er legt seine Eier unmittelbar nach einem Brand an Stämme, die stark geschädigt sind. Die Larven sind zum Überleben auf das Brandholz angewiesen. Nach dem Schlüpfen ernähren sie sich zunächst von der Bastschicht des abgestorbenen Baums und dringen dann tiefer in das Holz ein, um dort zu überwintern.

Um eine geeignete Brutstätte zu finden, orientieren sich die Käfer am Geruch der brennenden Bäume. In Versuchen ist nachgewiesen worden, dass sie einen einzigen auf zwei Meter Höhe angekohlten Kiefernstamm bei schwachem Wind noch in einer Entfernung von mehr als einem Kilometer riechen können.

ERFÜLLUNG

Und ich frage, was mir fehle,
Bin ein Herz und eine Seele:
Mit den Schlangen und den Spinnen,
Silberrinnen, die da rinnen,
Mit Kuckucken, die kuckucken,
Nebellichtern, die fahl spuken,
Flüglern, die verworren singen,
Flügeln, die im Tannicht schwingen,
Bin ein Reim zu allen Dingen.

OSKAR LOERKE

DIE VOGELUHR

Nach ihnen kann man die Uhr stellen: Jeden Morgen zur gleichen Zeit wachen die Waldvögel auf, ganz gleich ob die Sonne scheint oder der Himmel bedeckt ist, ob es stürmt oder regnet. Allerdings stimmen nicht alle gleichzeitig ihren Morgengesang an: Die eine Art wird früher munter, die andere lässt sich mehr Zeit. Alle aber orientieren sich am Sonnenaufgang.

Der Gartenrotschwanz beispielsweise eröffnet das Konzert genau anderthalb Stunden davor. Wenn die Sonne etwa Mitte Mai um 5.30 Uhr Sommerzeit aufgeht, dann ertönt sein Morgenruf, der ein wenig an das Geräusch eines verrosteten Kinderwagens erinnert, um 4.00 Uhr. Zehn Minuten später, um 4.10 Uhr, mischt sich das Rotkehlchen mit seinem typischen »Zick Tsi« ein.

Und dann geht es Schlag auf Schlag: Um 4.15 Uhr lässt die Amsel ihren melodiösen Gesang ertönen. Um 4.20 Uhr singt der winzige Zaunkönig lauter als alle anderen. Um 4.30 Uhr ist ein Ruf zu hören, den jeder erkennt: Der Kuckuck ist wach! Kohlmeise (4.40 Uhr), Zilpzalp (4.50 Uhr) und Buchfink (5.00 Uhr) kommen dazu.

Erst ganz zum Schluss, wenn die Sonne schon aufgegangen ist, um 5.40 Uhr, wacht der Star auf und tut das singend kund.

WALDKONZERT

Konzert ist heute angesagt
im frischen, grünen Wald.
Die Musikanten stimmen schon –
hör, wie es lustig schallt! –

Das jubiliert
und musiziert,
das schmettert und das schallt,
das geigt und singt,
das pfeift und klingt
im frischen, grünen Wald.

Der Distelfink spielt keck vom Blatt
die erste Violin';
sein Vetter Buchfink nebenan
begleitet lustig ihn.

Frau Nachtigall, die Sängerin,
die singt so hell und zart;
und Meister Hänfling bläst dazu
die Flöt' nach bester Art.

Die Drossel spielt die Klarinett',
der Rab', der alte Mann,
streicht den verstimmten Brummelbass,
so gut er streichen kann.

Der Kuckuck schlägt die Trommel gut,
die Lerche steigt empor
und schmettert mit Trompetenklang
voll Jubel in den Chor.

Musikdirektor ist der Specht,
er hat nicht Rast noch Ruh',
schlägt mit dem Schnabel, spitz und lang,
gar fein den Takt dazu.

Verwundert hören Has' und Reh
das Fiedeln und das Schrei'n,
und Biene, Mück' und Käferlein,
die stimmen surrend ein.

Das jubiliert
das musiziert,
das schmettert und das schallt,
das geigt und singt,
das pfeift und klingt
im frischen, grünen Wald.

GEORG CHRISTIAN DIEFFENBACH

Es erklingen alle Bäume,
Und es singen alle Nester –
Wer ist der Kapellenmeister
In dem grünen Waldorchester?

Ist es dort der graue Kiebitz,
Der beständig nickt so wichtig?
Oder der Pedant, der dorten
Immer kuckuckt, zeitmaßrichtig?

Ist es jener Storch, der ernsthaft,
Und als ob er dirigieret,
Mit dem langen Streckbein klappert,
Während alles musizieret?

Nein, in meinem eignen Herzen
Sitzt des Walds Kapellenmeister,
Und ich fühl, wie er den Takt schlägt,
Und ich glaube, Amor heißt er.

HEINRICH HEINE

IDEALE WAHRHEIT

Gestern entschlief ich im Wald, da sah ich im Traume das kleine
    Mädchen, mit dem ich als Kind immer am liebsten verkehrt.
Und sie zeigte mir hoch im Gipfel der Eiche den Kuckuck.
    Wie ihn die Kindheit denkt, prächtig gefiedert und groß.
Drum! dies ist der wahrhaftige Kuckuck! – rief ich. – Wer sagte
    Mir doch neulich, er sei klein nur, unscheinbar und grau?

EDUARD MÖRIKE

Wie selig, ein ganzes Wäldchen von Ebereschen zu besitzen, von
flammenden Bäumen, von Zweigen, an denen die lebendige Koral-
le wächst. Schwarze Vögel kommen und vollenden das Farbenspiel!
Oft durch herabgefallenes Laub nahen sie mir märchenhaft entgegen oder schnellen auf wie der Wind mit dem Wind!

ELSE LASKER-SCHÜLER

JORINDE UND JORINGEL

Es war einmal ein altes Schloss, mitten in einem großen, dicken
Wald, darinnen wohnte eine alte Frau ganz allein, das war eine Erz-
zauberin. Am Tage machte sie sich zur Katze oder zur Nachteule,
des Abends aber wurde sie wieder ordentlich wie ein Mensch ge-
staltet. Sie konnte das Wild und die Vögel herbeilocken, und dann
schlachtete sie's, kochte und briet es. Wenn jemand auf hundert
Schritte dem Schloss nahe kam, so musste er stille stehn und konnte sich nicht von der Stelle bewegen, bis sie ihn lossprach. Wenn
aber eine Jungfrau in diesen Kreis kam, so verwandelte sie diese in
einen Vogel und sperrte sie dann in einen Korb ein, in die Kam-

mern des Schlosses. Sie hatte wohl siebentausend solcher Körbe mit so raren Vögeln im Schlosse.

Nun war einmal eine Jungfrau, die hieß Jorinde. Sie war schöner als alle anderen Mädchen. Und dann ein gar schöner Jüngling namens Joringel. Die hatten sich zusammen versprochen. Sie waren in den Brauttagen, und sie hatten ihr größtes Vergnügen eins am anderen. Damit sie nun einmal vertraut zusammen reden könnten, gingen sie in den Wald spazieren.

»Hüte dich«, sagte Joringel, »dass du nicht so nahe an das Schloss kommst!«

Es war ein schöner Abend, die Sonne schien zwischen den Stämmen der Bäume hell ins dunkle Grün des Waldes, und die Turteltaube sang kläglich auf den alten Maibuchen.

Jorinde weinte zuweilen, setzte sich hin im Sonnenschein und klagte. Joringel klagte auch; sie waren so bestürzt, als wenn sie hätten sterben sollen. Sie sahen sich um, waren irre und wussten nicht, wohin sie nach Hause gehen sollten. Noch halb stand die Sonne über dem Berg, und halb war sie unter. Joringel sah durchs Gebüsch und sah die alte Mauer des Schlosses nah bei sich. Er erschrak und wurde todbang. Jorinde sang:

»Mein Vöglein mit dem Ringlein rot
Singt Leide, Leide, Leide;
Es singt dem Täublein seinen Tod,
Singt Leide, Lei – Zicküth! Zicküth! Zicküth!«

Joringel sah nach Jorinde. Jorinde war in eine Nachtigall verwandelt, die sang Zicküth! Zicküth. Eine Nachteule mit glühenden Augen flog dreimal um sie herum und schrie dreimal Schuh-hu-hu-hu! Joringel konnte sich nicht regen; er stand da wie ein Stein, konnte nicht weinen, nicht reden, nicht Hand noch Fuß regen.

Nun war die Sonne untergegangen; die Eule flog in einen Strauch, und gleich darauf kam eine alte krumme Frau aus diesem

hervor, gelb und mager, große rote Augen, krumme
Nase, die mit der Spitze ans Kinn reichte. Sie murmel-
te, fing die Nachtigall und trug sie auf der Hand fort.
Joringel konnte nichts sagen, nicht von der Stelle kom-
men. Die Nachtigall war fort, endlich kam das Weib
wieder und sagte mit dumpfer Stimme: »Grüß dich,
Zachiel! Wenn's Möndel ins Körbel scheint, bind los,
Zachiel, zu guter Stund'!«

Da wurde Joringel frei; er fiel vor dem Weib auf die Knie und
bat, sie möge ihm seine Jorinde wiedergeben. Aber sie sagte, er solle sie nie wiederhaben, und ging fort. Er rief, er weinte, er jammerte, aber alles umsonst. »Uu, was soll mir geschehn?« Joringel ging
fort und kam endlich in ein fremdes Dorf; da hütete er die Schafe
lange Zeit. Oft ging er rund um das Schloss herum, aber nicht zu
nahe dabei. Endlich träumte er einmal des Nachts, er fände eine
blutrote Blume, in deren Mitte eine schöne große Perle war. Die
Blume brach er ab, ging damit zum Schlosse. Alles, was er mit der
Blume berührte, ward von der Zauberei frei. Auch träumte er, er
hätte seine Jorinde dadurch wiederbekommen.

OBEN *Um die Eule ranken
sich viele Mythen. Mal
wurde sie als scharfsichtig
und weise angesehen, mal als
räuberisch und bedrohlich.
Sie galt als Todesvogel, man
glaubte aber auch, dass sie
Glück bringt.*

Des Morgens, als er erwachte, fing er an, durch Berg und Tal zu suchen, ob er eine solche Blume fände. Er suchte bis an den neunten Tag, da fand er die blutrote Blume am Morgen früh. In der Mitte war ein großer Tautropfen, so groß wie die größte Perle. Diese Blume trug er Tag und Nacht bis zum Schloss. Wie er auf hundert Schritt nahe zum Schloss kam, da wurde er nicht fest, sondern ging fort bis ans Tor. Joringel freute sich hoch, berührte die Pforte mit der Blume, und sie sprang auf. Er ging hinein, durch den Hof, horchte, wo er die vielen Vögel vernähme. Endlich hört er's; er ging und fand den Saal, darin war die Zauberin und fütterte die Vögel in den siebentausend Körben. Wie sie den Joringel sah, ward sie bös, sehr bös, schalt, spie Gift und Galle gegen ihn aus, aber sie konnt' auf zwei Schritte nicht an ihn kommen.

RECHTS *Schwere Arbeit leisteten die Rückepferde, die Baumstämme über unwegsames Waldgelände ziehen mussten. Vorübergehend durch Maschinen verdrängt, werden sie jetzt wieder häufiger eingesetzt.*

Er kehrte sich nicht an sie und ging, besah die Körbe mit den Vögeln; da waren aber viele hundert Nachtigallen. Wie sollte er nun seine Jorinde wiederfinden? Indem er so zusah, merkte er, dass die Alte heimlich ein Körbchen mit einem Vogel nimmt und damit nach der Türe geht. Flugs sprang er hinzu, berührte das Körbchen mit der Blume und auch das alte Weib. Nun konnte sie nicht mehr zaubern, und Jorinde stand da, hatte ihn um den Hals gefasst, so schön, wie sie ehemals war. Da machte er auch alle die anderen Vögel wieder zu Jungfrauen, und da ging er mit seiner Jorinde nach Hause, und sie lebten lange vergnügt zusammen.

BRÜDER GRIMM

DER UMGEHAUENE WALD

Und der Frühling ist gekommen,
Und die Nachtigall kommt wieder,
Und im alten heim'schen Walde,
Dort nur singt sie ihre Lieder.

Doch ist Axt und Beil geschäftig,
Fällt die grünen Bäume nieder:
Auf dem letzten Baume singet
Sie noch ihre letzten Lieder.

Wird der Frühling wiederkommen,
kommt die Nachtigall nicht wieder;
Nur im alten heim'schen Walde,
Dort nur sang sie ihre Lieder.

AUGUST HEINRICH HOFFMANN VON FALLERSLEBEN

WANN IST DER WALD EIN WALD?

Wald im Sinne der Bundeswaldinventur ist, unabhängig von den
Angaben im Kataster oder in ähnlichen Verzeichnissen, jede mit
Forstpflanzen bestockte Grundfläche. Als Wald gelten auch kahl-
geschlagene oder verlichtete Grundflächen, Waldwege, Waldein-
teilungs- und Sicherungsstreifen, Waldblößen und Lichtungen,
Waldwiesen, Wildäsungsplätze, Holzlagerplätze, im Wald gelegene Leitungsschneisen, weitere mit dem Wald verbundene und
ihm dienende Flächen einschließlich Flächen mit Erholungsein-
richtungen, zugewachsene Heiden und Moore, zugewachsene ehemalige Weiden, Almflächen und Hutungen sowie Latschen- und
Grünerlenflächen. Heiden, Moore, Weiden, Almflächen und

Hutungen gelten als zugewachsen, wenn die natürlich aufgekommene Bestockung ein durchschnittliches Alter von fünf Jahren erreicht hat und wenn mindestens 50% der Fläche bestockt sind. In der Flur oder im bebauten Gebiet gelegene bestockte Flächen unter 1000 m², Gehölzstreifen unter 10 m Breite und Weihnachtsbaum- und Schmuckreisigkulturen sowie zum Wohnbereich gehörende Parkanlagen sind nicht Wald im Sinne der BWI. Wasserläufe bis 5 m Breite unterbrechen nicht den Zusammenhang einer Waldfläche.

ALLGEMEINE VERWALTUNGSVORSCHRIFT
zur Durchführung der Bundeswaldinventur II vom 17. Juli 2000

Nicht gar weit von Dören, zwischen Köln und Aachen, liegt ein Dorf, das führt den Namen Arnoldsweiler, und denselben Namen führt es von einem frommen Sänger, der am Hofe Kaiser Karls des Großen lebte und sein Liebling war. Da forderte einst der große Kaiser von Arnold, seinem Sänger, derselbe möge sich einen Lohn erbitten für seine vielen und schönen Lieder, und der Sänger bat, Karl wolle ihn mit einem Stück Wald begaben, so viel, als Arnold werde umreiten können in der Zeit, wo Karl sein Mahl halte. Das ward ihm gewähret; Arnold hatte aber schon von Strecke zu Strecke, so

weit ein Ross im gestreckten Lauf aushalten konnte, ausgeruhte Rosse, die seiner harrten, aufgestellt und damit eine Waldstrecke vom Bürgelwald umstellt, die ein Mann kaum in eines Tages Länge umschritten hätte. Darauf begann er, als der Kaiser sein Mittagmahl begann, sein Jagen, bezeichnete und bestreute allenden, wo er vorbeisauste, durch Schwerthiebe in die Äste seinen Weg mit grünen Brüchen von Eichen- und Buchenlaub und kam schon wieder und trat vor den Kaiser, bevor dieser noch sein Mahl beendet, dieweil er noch beim Apfelessen verweilte. Da sprach Karl: Du hast dir gewisslich ein zu kleines Stück erritten, da du so bald wiederkehrest. – Arnold aber antwortete: Mitnichten, ich umritt ein großes Stück, das ein Mann wohl kaum in Tageslänge umwandeln kann. – Da fiel auf den Sänger ein ernster Blick seines Herrn, welcher bei sich dachte, dass im Bürgelwald für Arnold die Blume der Bescheidenheit wohl nicht gewachsen sei, und der Kaiser schwieg. Da nahm aber Arnold das Wort und sprach: Du zürnest mir, mein hoher kaiserlicher Herr! Zürne nicht! Nicht für mich umritt ich deinen Bürgelwald. Sieh, alle den Dörfern von Dören bis Bredburg und von Jülich bis Bergheim gebrichts an Holz. Für sie habe ich den Wald, den du mir zu

OBEN Im Mittelalter änderten sich die Nutzungsrechte am Wald vom allgemeinen Nutzungsrecht, das es jedem gestattete, Bau- und Brennholz zu gewinnen, zu jagen und Tiere weiden zu lassen, zur Forsthoheit des Grundherrn.

schenken angeboten, umritten. – Da freute sich der Kaiser Karl über seines Sängers Biederherzigkeit und sagte ihm gern die ganze Waldstrecke zu.

LUDWIG BECHSTEIN

HOLZFREVEL

Ein Menschenschlag, unruhiger und unternehmender als alle seine Nachbarn, ließ in dem kleinen Staate, von dem wir reden, manches weit greller hervortreten als anderswo unter gleichen Umständen. Holz- und Jagdfrevel waren an der Tagesordnung, und bei den häufig vorfallenden Schlägereien hatte sich jeder selbst seines zerschlagenen Kopfes zu trösten. Da jedoch große und ergiebige Waldungen den Hauptreichtum des Landes ausmachten, ward allerdings scharf über die Forsten gewacht, aber weniger auf gesetzlichem Wege als in stets erneuten Versuchen, Gewalt und List mit gleichen Waffen zu überbieten.

RECHTS Arme Witwe, mit ihren Kindern beim Reisigdiebstahl überrascht *ist der Holzstich aus dem Jahr 1850 betitelt. Damals wurde dies als Delikt streng bestraft. Heute ist es erlaubt, auf dem Boden liegendes Reisig zu sammeln. Holz zu schlagen ist dagegen weiterhin verboten.*

Das Dorf B. galt für die hochmütigste, schlauste und kühnste Gemeinde des ganzen Fürstentums. Seine Lage inmitten tiefer und stolzer Waldeinsamkeit mochte schon früh den angeborenen Starrsinn der Gemüter nähren; die Nähe eines Flusses, der in die See mündete und bedeckte Fahrzeuge trug, groß genug, um Schiffbauholz bequem und sicher außer Land zu führen, trug sehr dazu bei, die natürliche Kühnheit der Holzfrevler zu ermutigen, und der Umstand, dass alles umher von Förstern wimmelte, konnte hier nur aufregend wirken, da bei den häufig vorkommenden Scharmützeln der Vorteil meist aufseiten der Bauern blieb. Dreißig, vierzig Wagen zogen zugleich aus in den schönen Mondnächten mit ungefähr doppelt so viel Mannschaft jedes Alters, vom halbwüchsigen Knaben bis zum siebzigjährigen Ortsvorsteher, der als erfahrener Leitbock den Zug mit gleich stolzem Bewusstsein anführte, als er seinen Sitz in der Gerichtsstube einnahm. Die Zurückgebliebenen horchten sorglos dem allmählichen Verhallen des Knarrens und Stoßens der Räder in den Hohlwegen und schliefen sacht weiter. Ein gelegentlicher Schuss, ein schwacher Schrei ließen wohl einmal eine junge Frau oder Braut auffahren; kein anderer achtete darauf. Beim ersten Morgengrau kehrte der Zug ebenso schweigend heim, die Gesichter glühend wie Erz, hier und dort einer mit verbundenem Kopf, was weiter nicht in Betracht kam, und nach ein paar Stunden war die Umgegend voll von dem Missgeschick eines oder mehrerer Forstbeamten, die aus dem Walde getragen wurden, zerschlagen, mit Schnupftabak geblendet und für einige Zeit unfähig, ihrem Berufe nachzukommen.

ANNETTE VON DROSTE-HÜLSHOFF

Autoren, die bestohlen werden, sollten sich darüber nicht beklagen, sondern freuen. In einer Gegend, in der Waldfrevel nicht vorkommt, hat der Wald keinen Wert.

MARIE VON EBNER-ESCHENBACH

DIE ALTE REISIGSAMMLERIN

Auf der Mertener Heide wohnte eine alte Frau, Schlippe Kathring mit Namen, der man nachsagte, dass sie mit dem Bösen im Bunde sei und hexen könne. Da sie sehr arm war, suchte sie sich im nahen Walde das nötige Reisigholz für ihre Herdstelle. Der damalige Be-

RECHTS *Weise Alte oder böse Zauberin? Im Jahr 1890 zeichnete der sächsische Illustrator Hermann Vogel* Die Waldhexe *so klischeehaft, wie alte Frauen häufig, vor allem in Märchen, beschrieben wurden: als hinkend und bucklig, das Gesicht faltig, die ganze Erscheinung abstoßend und furchterregend.*

sitzer des Waldes aber hatte kein Herz für die armen Leute und verbot das Reisigsammeln, weil dieses das Wild störe. Er drohte, die Betroffenen vor den Dingstuhl zu bringen. Schlippe Kathring störte sich nicht an dem Verbot, sondern sammelte vor wie nach Holz. Dabei ging sie aber vorsichtig dem Förster aus dem Wege. Doch einmal überraschte er sie beim Reisigsammeln und ging zornig auf sie zu. Da warf Schlippe Kathring dürre Blätter in die Luft, ihm entgegen. Diese wurden in kleine Vögel verwandelt, die den Förster zwitschernd umflogen. Voll Entsetzen floh er und ließ Schlippe Kathring ungestört weiter Holz sammeln. Aber es war nun klar, dass sie eine Hexe war.

WALDBERUFE

Wer heute in der Forstwirtschaft tätig ist, arbeitet in einem genau definierten Berufsfeld mit einer vorgeschriebenen Ausbildung: Forstingenieur, Forstwissenschaftler, Forsttechniker oder Forstwirt – von Waldromantik ist bei diesen Begriffen nicht viel zu spüren. Allerdings kommen sie dem oft anstrengenden Berufsalltag näher als beispielsweise die weichgezeichneten Bilder der Försterfilme aus den 1950er Jahren.

Förster

Ihn gibt es offiziell nicht mehr. Nur umgangssprachlich wird die alte Berufsbezeichnung weiter verwendet. Doch während die Tätigkeit des Försters unter anderen Namen und erweitert um viele Verwaltungsaufgaben auch heute noch ausgeübt wird, sind viele alte Waldberufe vergessen oder nurmehr aus Märchen und Sagen bekannt. Hier eine Auswahl.

Harzer (auch Pecheler)

Die Harzer zapften vor allem Fichten das Harz ab. Sie ritzten deren Stamm stark ein und fingen das Harz in Behältern auf, die sie darunter angebracht hatten. Ein Baum lieferte pro Jahr bis zu eineinhalb Pfund. Aus dem Harz wurden Terpentinöl und Kolophonium gewonnen, die in erster Linie für die Herstellung von Teer und Pech, Lacken und Seifen benötigt wurden. Um den Wald durch die Einschnitte nicht zu sehr zu schädigen, bekam nur eine begrenzte Anzahl von Harzern die Erlaubnis, ihre Tätigkeit auszuüben.

VON LINKS NACH RECHTS
Der Wald als Arbeitsraum: Harzer zapfen einen Nadelbaum an, indem sie Rillen in die Rinde ritzen und das Harz auffangen. Ein Köhler und seine Frau bei ihrer anstrengenden Arbeit, die im Gegensatz zu der des Harzers wenig anerkannt war. Der fertige Meiler als Produkt handwerklichen Geschicks; der dicke Erdmantel verhindert unerwünschte Luftzufuhr. Ein Förster an einer Futterstelle auf einer Lichtung (um 1906).

Rußbrenner (auch Kienrußbrenner)

Bei der Verarbeitung von Harz, seinem Kochen und Auspressen, fielen die sogenannten Pechkrieven ab. Sie wurden von den Kienrußbrennern mit anderen Materialien, wie zum Beispiel Nadelholzzapfen und Kienholz (stark verharztes Kiefernholz), in einem steinernen Ofen verbrannt. Der Qualm schlug sich im Rußfang als »Kienruß« nieder und musste abgekehrt und abgekratzt werden, damit er etwa zu Stiefelwichse und Anstrichfarbe weiterverarbeitet werden konnte. In aufgehängten Tüchern fing sich der ganz feine Ruß, der zur Herstellung von Farben, Druckerschwärze und Tusche verwendet wurde.

Lohmacher

Ohne Lohmacher kein Leder – auf diese Kurzformel kann die Bedeutung gebracht werden, die dieser Beruf bis ins 19. Jahrhundert hinein hatte. Die Lohmacher sammelten Rinde, vorzugsweise von Eichen. Dazu wurde der Baum gefällt und bis in die Äste hinein geschält. Damit sich die Rinde lösen ließ, musste sie zunächst weich geklopft werden. Danach wurde sie an der Luft getrocknet und gemahlen. Die so hergestellte Lohe enthielt Säure, die zum Gerben von Tierhäuten benötigt wurde.

VON LINKS NACH RECHTS
Gefährlich war die Arbeit mit Holz, ob beim Transport auf schmalen, steilen Wegen oder beim Zusägen, das eine sichere Hand erforderte. Vor der Holzschneidemühle im Schwarzwald lagern Hunderte von Stämmen; dieser Wald war Deutschlands bedeutendster Holzlieferant. Baumstämme wurden zu Flößen von mehr als zweihundert Metern Länge gebunden, bevor sie weite Strecken, teils bis nach Holland, zurücklegten.

Holzfäller (auch Holzhauer, Holzknecht, Holzhacker)

Sie waren die wichtigsten Männer im Wald, denn sie sorgten für den Nachschub des unentbehrlichen Rohstoffs Holz. Dennoch konnte von einer auch nur einigermaßen angemessenen Bezahlung ihrer gefährlichen Arbeit keine Rede sein. In zahlreichen alten Geschichten wird die Armut dieser Arbeiter geschildert, so auch im berühmtesten aller Waldmärchen: »Vor einem großen Walde wohnte ein armer Holzhacker mit seiner

Frau und seinen zwei Kindern; das Bübchen hieß Hänsel und das Mädchen Gretel. Er hatte wenig zu beißen und zu brechen, und einmal, als große Teuerung ins Land kam, konnte er auch das tägliche Brot nicht mehr schaffen.«

In einer Zeit ohne Motorsägen, Seilwinden und Traktoren war nicht nur das Fällen der Bäume lebensgefährlich. Auch der Transport der Stämme erforderte Kraft, Mut und Glück. Im Schwarzwald beispielsweise wurden dafür sogenannte »Riesen« gebaut, mindestens zwei Meter breite Rinnen, die zum Teil heute noch erkennbar sind. Vor allem im Winter polterten die Stämme darin zu Tal. Leicht konnte es geschehen, dass ein Baum aus dem Kanal sprang. Deshalb beobachteten »Rieshirten« diese Kanäle und gaben mit dem Kuhhorn Signale, wenn zum Beispiel ein Stamm losgeschickt wurde.

Köhler (auch Kohlbrenner)

»Es war einmal ein Köhler, der hatte nichts als ein Weib mit einem Kinde, das erst ein paar Tage alt war« – so beginnt das Märchen »Der Waldkater« von Theodor Vernaleken. Und so wie in diesem Märchen ging es den meisten Köhlern: Sie lebten mitten im Wald, schmutzig, arm und von den besseren Leuten als Gesindel verachtet. »Rußwurm« wurden sie abschätzig genannt. Dabei war das Produkt ihrer Arbeit für viele unentbehrlich. Holzkohle wurde unter anderem von Schmieden, in Eisen- und Glashütten benötigt.

Der Köhler stellte sie in einem Meiler mitten im Wald her. Der Meiler bestand aus lufttrockenem Holz, aufgestellt um einen Feuerschacht (Quandel) und mit einer feuerfesten Decke aus grünem Reisig, Rasen und Erde umkleidet. Darin verschwelte das Holz bei einer Temperatur von über dreihundert Grad Celsius zu Kohle. Die Prozedur dauerte etwa vier Wochen, in denen der Köhler ständig anwesend sein musste. Sonst bestand die Gefahr, dass der Meiler erlosch oder das Holz zu Asche verbrannte.

Aschenbrenner (auch Aschensieder)

Viel Aufwand und wenig Ertrag brachte die Arbeit der Aschenbrenner mit sich. Sie verbrannten riesige Mengen Holz, um Pottasche zu gewinnen, einen Stoff, der in der Chemie als Kaliumkarbonat bezeichnet wird. Der Name Pottasche rührt daher, dass das Produkt im Mittelalter in verpichten Töpfen verschickt wurde. Die Herstellung war umständlich: Der Holzasche wurde Wasser zugesetzt, die so entstandene Lauge wieder eingedämpft. Fünfhundert Kilo Holz erbrachten nicht mehr als 250 Gramm Pottasche.

Das Produkt wurde in der Glasbläserei eingesetzt. Wenn es dem Quarz, der Grundsubstanz bei der Glasherstellung, zugefügt wurde, sank dessen Schmelzpunkt um etwa ein Drittel; so kam man mit weniger aufwendigen Schmelzöfen aus. Im 19. Jahrhundert wurde Pottasche durch Soda ersetzt.

UNTEN *Jagd und Jäger waren um 1900 beliebte Postkartenmotive. Dabei wurden die Jäger – wie hier der Alte mit Gewehr und Pfeife – häufig als urige, gemütliche Naturburschen dargestellt, deren Heimat*

Der alte Förster Püsterich,
Der ging nach langer Pause
Mal wieder auf den Schnepfenstrich
Und brachte auch eine nach Hause.

Als er sie nun gebraten hätt',
Da tät ihn was verdreußen;
Tierlein roch wie sonst so nett,
konnt er's nicht recht mehr
beißen.

h ja!« So seufzt er wehgemut
l wischt sich ab die Träne.
e Nase wär' so weit noch gut,
bloß es fehlen die Zähne.«

WILHELM BUSCH

DAS LÖWENREH

Das Löwenreh durcheilt den Wald
und sucht den Förster Theobald.

Der Förster Theobald desgleichen
sucht es durch Pirschen zu erreichen,

und zwar mit Kugeln, deren Gift
zu Rauch verwandelt, wen es trifft.

Als sie sich endlich haben, schießt
er es, worauf es ihn genießt.

Allein die Kugel wirkt alsbald:
Zu Rauch wird Reh nebst Theobald …

Seitdem sind beide ohne Frage
ein dankbares Objekt der Sage.

CHRISTIAN MORGENSTERN

UNHEIMLICHE BEGEGNUNG

Drei Kohlenbrenner bauten sich tief drin im hintersten Wald einen
Meiler. Wie die Sonne verging und die Tannen schwarz wurden,
legten sich die drei hin, so dass sie die Köpfe beisammen auf einem
Moossack liegen hatten und die Füße nach drei Seiten hin reckten.
Wie sie schliefen, schlich ein buckliges, halb verblindetes Moos-
weibel daher; es stieg über die sechs Beine und
tappte im Finstern nach dem Moossack. Da kraus-
te sie die Stirn und meinte: »Hm hm, sechs Füße
und nur ein Kopf! Jetzt denk ich den Böhmerwald
schon neunmal Wald und neunmal Wiese und
Wald, aber so was hab ich noch nit gesehen. Da
muss ich gleich heim und es der Großmutter erzählen, die ist neunmal so alt wie ich.«

RECHTS *Von Wald-romantik keine Spur: Das Leben nicht nur der Köhler war hart und entbehrungsreich. Auch Holzknechtfamilien lebten auf engstem Raum zusammen. »Ohne Zank und Streit«, heißt es in einer Chronik, »ohne Schlage und Rauferei wird kein Tag gekocht und gespeist. (…) die Kinder hängen an den zerrissenen Kitteln ihrer Mütter und schreien und häulen.«*

DAS KÖHLERWEIB IST TRUNKEN

Das Köhlerweib ist trunken
Und singt im Wald,
Hört, wie die Stimme gellend
Im Grünen hallt!

Sie war die schönste Blume,
Berühmt im Land;
Es warben Reich' und Arme
Um ihre Hand.

Sie trat in Gürtelketten
So stolz einher;
Den Bräutigam zu wählen,
Fiel ihr zu schwer.

Da hat sie überlistet
Der rote Wein –
Wie müssen alle Dinge
Vergänglich sein!

Das Köhlerweib ist trunken
Und singt im Wald;
Wie durch die Dämmrung gellend
Ihr Lied erschallt!

GOTTFRIED KELLER

Wer durch Schwaben reist, der sollte nie vergessen, auch ein wenig in den Schwarzwald hineinzuschauen; nicht der Bäume wegen, obgleich man nicht überall solch unermessliche Menge herrlich aufgeschossener Tannen findet, sondern wegen der Leute, die sich von den andern Menschen ringsumher merkwürdig unterscheiden. Sie sind größer als gewöhnliche Menschen, breitschultrig, von starken Gliedern, und es ist, als ob der stärkende Duft, der morgens durch die Tannen strömt, ihnen von Jugend auf einen freieren Atem, ein klareres Auge und einen festeren, wenn auch rauheren Mut als den Bewohnern der Stromtäler und Ebenen gegeben hätte. Und nicht nur durch Haltung und Wuchs, auch durch ihre Sitten und Trachten sondern sie sich von den Leuten, die außerhalb des Waldes wohnen, streng ab. Am schönsten kleiden sich die Bewohner des badenschen Schwarzwaldes; die Männer lassen den Bart wachsen, wie er von Natur dem Mann ums Kinn gegeben ist, ihre schwarzen Wämser, ihre ungeheuren, enggefalteten Pluderhosen, ihre roten Strümpfe und die spitzen Hüte, von einer weiten Scheibe umgeben, verleihen ihnen etwas Fremdartiges, aber etwas Ernstes, Ehrwürdiges. Dort beschäftigen sich die Leute gewöhnlich mit Glasmachen; auch verfertigen sie Uhren und tragen sie in der halben Welt umher.

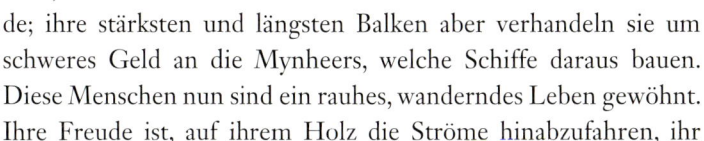

Auf der anderen Seite des Waldes wohnt ein Teil desselben Stammes, aber ihre Arbeiten haben ihnen andere Sitten und Gewohnheiten gegeben als den Glasmachern. Sie handeln mit ihrem Wald; sie fällen und behauen ihre Tannen, flößen sie durch die Nagold in den Neckar und von dem obern Neckar den Rhein hinab, bis weit hinein nach Holland, und am Meer kennt man die Schwarzwälder und ihre langen Flöße; sie halten an jeder Stadt, die am Strom liegt, an und erwarten stolz, ob man ihnen Balken und Bretter abkaufen werde; ihre stärksten und längsten Balken aber verhandeln sie um schweres Geld an die Mynheers, welche Schiffe daraus bauen. Diese Menschen nun sind ein rauhes, wanderndes Leben gewöhnt. Ihre Freude ist, auf ihrem Holz die Ströme hinabzufahren, ihr

Leid, am Ufer wieder heraufzuwandeln. Darum ist auch ihr Prachtanzug so verschieden von dem der Glasmänner im andern Teil des Schwarzwaldes. Sie tragen Wämser von dunkler Leinwand, einen handbreiten grünen Hosenträger über die breite Brust, Beinkleider von schwarzem Leder, aus deren Tasche ein Zollstab von Messing wie ein Ehrenzeichen hervorschaut; ihr Stolz und ihre Freude aber sind ihre Stiefel, die größten wahrscheinlich, welche auf irgendeinem Teil der Erde Mode sind; denn sie können zwei Spannen weit über das Knie hinaufgezogen werden, und die »Flözer« können damit in drei Schuh tiefem Wasser umherwandeln, ohne sich die Füße nass zu machen.

WILHELM HAUFF

WILDREICHER THÜRINGER WALD

Man muss von hohen Berggipfeln die ausgedehnten Strecken des Thüringer Waldes überschauen, auf denen oft viele Meilen weit nichts als Waldhöhen, Waldtäler und kräuterreiche Waldwiesen erblickt werden, um sich zu überzeugen, dass dies hier ein Jagd- und Jägerland, dass dies hier die Heimat manch edlen Wildes ist. In diesen Wäldern erschallt zu Beginn des Lenzes das Balzgeschrei des Auerhahns an östlichen Bergabhängen, und der Birkhahn kollert liebessehnsüchtig seinen Ruf, der wie »Frau! Frau!« klingt; durch diese Wälder dröhnt dumpf der Hirsche Brunstbrüllen, so heiß und gewaltig fast wie das Gebrüll des Königs der Wüste, wenn ihn hungert. In die Erdhöhlen dieser tiefen Niederungen gräbt der Dachs die Kessel seiner Baue, und um die Felsklippen streicht listig Meister Reinecke, um ein Häschen oder einen Vogel zu belauern.

LUDWIG BECHSTEIN

CHOR DER JÄGER

Was gleicht wohl auf Erden dem Jägervergnügen?
Wem sprudelt der Becher des Lebens so reich?
Beim Klange der Hörner im Grünen zu liegen,
Den Hirsch zu verfolgen durch Dickicht und Teich,
Ist fürstliche Freude, ist männlich Verlangen,
Erstarket die Glieder und würzet das Mahl.
Wenn Wälder und Felsen uns hallend umfangen,
Tönt freier und freud'ger der volle Pokal!
Jo ho! Tralalalala!
Diana ist kundig, die Nacht zu erhellen,
Wie labend am Tage ihr Dunkel uns kühlt.
Den blutigen Wolf und den Eber zu fällen,
Der gierig die grünenden Saaten durchwühlt,
Ist fürstliche Freude, ist männlich Verlangen,
Erstarket die Glieder und würzet das Mahl.
Wenn Wälder und Felsen uns hallend umfangen,
Tönt freier und freud'ger der volle Pokal!
Jo ho! Tralalalala!

CARL MARIA VON WEBER

OBEN *Keine Jagd ohne
Hund: Seit Jahrtausenden
werden die vierbeinigen
Begleiter ihrer Schnelligkeit
und feinen Nasen wegen von
Jägern hoch geschätzt. Sie
waren Statussymbol und
Geschenk für Könige. »Wie
gewandt, wie klug und fein /
weiß er alles auszuspähen; /
seiner Arbeit zuzusehen /
ist schon Götterlust allein«,
schwärmte der Dichter
Philipp Ludwig von Bunsen.
Das Gemälde* Auf der Jagd
schuf Wilhelm Leibl 1888.

»Es wird nie so viel gelogen wie vor der Wahl, während des Krieges und nach der Jagd.« Der Ausspruch des Reichskanzlers Otto von Bismarck benennt treffend das Phänomen, das als »Jägerlatein« bekannt ist. Nach der Jagd blüht die Fantasie. Da werden Hasen so groß wie Wildschweine, und Büchsen können um die Ecke schießen, ohne zu fehlen.

Nicht nur das Wort »Jägerlatein« ist in der Bedeutung von »Aufschneiderei« in das allgemeine Sprachgut übergegangen. Auch andere Begriffe aus der Jägersprache haben diesen Weg genommen. »Freiwild« zum Beispiel bezeichnet eigentlich nur zur Jagd freigegebenes Wild, wird aber angewandt auf einen Menschen, der schutzlos Verfolgungen ausgesetzt ist.

Einige Redensarten haben ebenfalls ihren Ursprung in der Jägersprache, zum Beispiel:»durch die Lappen gehen« (entgehen, entkommen): damit das Wild bei Treibjagden nicht aus dem Jagdrevier ausbrach, wurden zur Abschreckung bunte Tücher zwischen die Bäume gehängt; »auf den Busch klopfen« (vorfühlen, etwas erkunden wollen): durch Schlagen der Büsche und des Unterholzes wurde das Wild in seinen Verstecken aufgescheucht.

Viele Ausdrücke der Jägersprache sind nur für Eingeweihte verständlich. Was Brunft bedeutet oder worum es sich bei einer Fährte handelt, das ist noch allgemein bekannt. Wahrscheinlich wissen jedoch die wenigsten – um nur ein Beispiel zu nennen –, dass Hasensilvester kein Fest im Tierreich ist, sondern der letzte Tag der Jagd auf Feldhasen vor der Schonzeit. Die Vielseitigkeit der Weidmannssprache illustriert ein Vergleich einiger Körperteilbezeichnungen von Hirsch, Wildschwein, Fuchs und Hase:

Tier	Rothirsch	Wildschwein	Fuchs	Hase
Augen	Lichter	–	Seher	Seher
Ohren	Lauscher	Teller	Gehöre	Löffel
Nase	Windfang	Wurf	Nase	–
Maul	Äser	Gebrech	Fang	–
Schwanz	Wedel	Pürzel	Lunte	Blume

HIRSCHSTEAKS MIT PFLAUMEN

Zutaten für 4 Portionen:
20 g Butter
5 getrocknete Wacholderbeeren
4 Hirschsteaks à 150 g
Salz, Pfeffer
8 frische Pflaumen, halbiert und entsteint
2 EL Pflaumenschnaps
1 EL Preiselbeergelee
2 EL Sahne

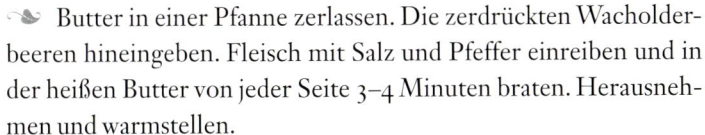

Butter in einer Pfanne zerlassen. Die zerdrückten Wacholderbeeren hineingeben. Fleisch mit Salz und Pfeffer einreiben und in der heißen Butter von jeder Seite 3–4 Minuten braten. Herausnehmen und warmstellen.

Die Pflaumen im Bratfett unter leichtem Schwenken erhitzen. Schnaps, Gelee und Sahne dazugeben, aufkochen lassen und sofort zum Fleisch servieren. Dazu passen Spätzle oder Bandnudeln.

DAS ST.-HUBERTUSLIED

Im grünen Wald bin ich gewesen,
Sah ich es ein Hirschelein stehn,
Das Hirschlein, das wollt ich erschießen,
O Wunder, was hab ich gesehn.

Es tut mir die Flinte versagen,
Ein Kreuz tut das Hirschelein tragen,
Stolzierend auf seinem Gewicht,
Die Gnade zum Sünder wohl spricht.

Da tät ich zur Erden hinsinken
Wohl auf meine bogene Knie,
Tät mir es entgegenblinken,
Ein silbernes Kreuzlein schneeweiß.

Jetzt tu ich kein Hirschlein mehr schießen,
Will lieber ins Kloster mich schließen,
Dem grünen Wald sag ich gut Nacht,
Die Gnade hat alles gemacht!

MUTIGER MÜMMELMANN

Im Gegensatz zum Kottenforst, der durch schnurgrade Alleen und Bahnen, streng quadratische Distrikte und einheitliche Baumbestände eintönig und wenig interessant wirkt, ist der Vorgebirgswald abwechslungsreich. Die Pfade und Waldwege schlängeln sich je nach Bodenbeschaffenheit, Anstieg oder Gefälle hin und her. Einheitliche Baumkulturen wechseln ab mit Mischwald und knorrigen Schlagholzbeständen, dem uralten Bauernwald. Auf Schritt und Tritt findet man Denkmäler des alten Grenzrechts, der früheren Waldwirtschaft und der Lokalgeschichte.

Ein köstlicher und humorvoller Geschichtszeuge ist das kleine Hasendenkmal direkt am linken Rand auf der Mitte der Strecke des Waldweges von der Försterei Buschhoven nach Dünstekoven. Ein tapferer Hase, zierlich ein Männchen bauend, die Löffel spitzend und verschmitzt lachend, ist auf der Vorderseite eines behauenen Grenzsteines dargestellt. Dieser abgebildete tapfere Mümmelmann lebte 1888 (…). Er bekam dadurch Berühmtheit, dass er damals bei einer großen Treibjagd der Jägerschaft ein Schnippchen schlug. Aus sieben Schrotflinten mit sieben Schuss wollte man dem Mümmelmann die Bleikügelchen aufs Fell brennen. Der mutige Mümmelmann schlug Haken auf Haken, wetzte noch schneller los, sprang dreist und fresch zwischen den

RECHTS Am Waldrand nannte der Schweizer Maler Frank Buchser seine idyllische Szene. Ein Picknick im Wald ist für viele Maler eine beliebtes Motiv.

Jägern einher und entschwand dann vor den erstaunten Blicken flugs im Walde. Die Jäger schimpften und fluchten ob des freschen Burschen, aber die Treiber konnten sich ihr spöttisches Gelächter nicht verkneifen. Ein Schalk setzte damals dem tapferen Mümmelmann das kleine Denkmal. Der fröhlich-witzige rheinische Volksmund prägte auch sogleich den passenden neuen Flurnamen, leider bis heute im Kataster noch nicht amtlich zu lesen, aber kurzum lautend: »Am Siebenschuss«.

WEM GEHÖRT DER WALD?

Die Waldfläche in Deutschland beträgt 11 075 700 Hektar. Das sind dreißig Prozent der Gesamtfläche. Die Besitzverhältnisse sind folgendermaßen:

1. 3,7 Prozent (409 300 Hektar) gehören als Staatswald dem Bund.
2. 29,6 Prozent (3 276 600 Hektar) gehören als Staatswald den Ländern.
3. 19,5 Prozent (2 160 200 Hektar) gehören als Körperschaftswald Körperschaften des öffentlichen Rechts wie Gemeinden, Städten oder Universitäten.
4. 43,5 Prozent (4 823 700 Hektar) befinden sich als Privatwald in Privatbesitz.
5. 3,7 Prozent (405 900 Hektar) sind Treuhandwald, das heißt Wald, der im Zuge der Bodenreform in der DDR enteignet wurde und jetzt privatisiert wird bzw. werden soll.

Ganz gleich, wem der Wald gehört – jeder hat laut Bundeswald-
gesetz des Recht, ihn zu betreten.

§ 14 Betreten des Waldes
(1) Das Betreten des Waldes zum Zwecke der Erholung ist gestattet. Das Radfahren, das Fahren mit Krankenfahrstühlen und das
Reiten im Walde ist nur auf Straßen und Wegen gestattet. Die Be-
nutzung geschieht auf eigene Gefahr.
(2) Die Länder regeln die Einzelheiten. Sie können das Betreten
des Waldes aus wichtigem Grund, insbesondere des Forstschutzes,
der Wald- oder Wildbewirtschaftung, zum Schutz der Waldbesu-
cher oder zur Vermeidung erheblicher Schäden oder zur Wahrung
anderer schutzwürdiger Interessen des Waldbesitzers, einschrän-
ken und andere Benutzungsarten ganz oder teilweise dem Betreten
gleichstellen.

Grundsätzlich ist es auch gestattet, Pilze, Blumen und Beeren zu
sammeln, allerdings nur für den Eigenbedarf und in kleinen Mengen. Nicht erlaubt ist es dagegen, Bäume und ganze Pflanzen mit-
zunehmen oder zu beschädigen. Auch der Artenschutz muss beach-
tet werden: Geschützte Pflanzen dürfen nicht gepflückt werden.

BÄRLAUCHPESTO

Zutaten für 4 Portionen:
200 g Bärlauch
200 g Pinienkerne
200 ml Olivenöl
100 g Pecorino oder Parmesan
Salz, Pfeffer

～ Bärlauch unter fließendem
Wasser vorsichtig waschen,
putzen und in der Salatschleu-
der trockenschleudern.
～ Pinienkerne in einer Pfanne ohne Fett goldbraun rösten.

꒱ Mit dem Bärlauch in ein hochwandiges Gefäß geben. Nach und nach das Öl angießen und dabei alles mit dem Pürierstab zu einer Paste verarbeiten.

꒱ Käse reiben und darunterheben. Mit Salz und Pfeffer abschmecken.

Achtung: Bärlauch kann man leicht mit dem giftigen Maiglöckchen verwechseln. Wer sich nicht auskennt, sollte ihn daher lieber auf dem Markt kaufen als selbst pflücken.

DIE WALDBEEREN

Wie ist die Schlucht so wild beengt,
in der ich einsam streife!
Erdbeeren stehen da gedrängt
In dunkelroter Reife.

Ihr dachtet nicht in Waldesnacht,
Dass euch ein Mund zerdrücke. –
Voll Dufts, in unbekannter Pracht
Sterbt ihr nun meinem Glücke.

Es wird die blaue Nachbarin,
Waldglocke, wohl euch missen.
Aus eurem Pflücken macht mein Sinn
Fast schon sich ein Gewissen.

KARL MAYER

HOLLERKÜCHLE

Zutaten für 4 Portionen:
125 g Mehl
125 ml Wasser
1 Prise Salz
3 kleine Eier
Pflanzenöl zum Ausbacken
12–16 frisch gepflückte Holunderblüten

Mehl, Wasser und Salz mit dem Schneebesen oder den Quirlen das Handmixers verrühren. Die Eier darunterschlagen.

Den Teig eine halbe Stunde quellen lassen.

Öl in einem hohen Topf erhitzen. Die Holunderblüten in den Teig tauchen und im heißen Öl 2 – 3 Minuten ausbacken.

HÄNSCHEN UND GRETCHEN

Hänschen und Gretchen waren noch kleine Kinder, als sie einmal miteinander hinaus in den Wald gingen, um rote Beeren zu suchen. Jedes hatte ein Töpfchen. Ehe sie den Wald erreichten, kamen sie an einen Teich, darinnen gar schöne Fischchen herumschwammen, die aussahen wie das blanke Silber. Davon fingen sich die Kinder einige und taten sie in ihre Töpfchen; dann pflückten sie im Wald noch gar viele rote Beeren und taten sie hinein zu den Fischen, bis das Töpfchen ganz voll war. Dann fanden sie zwei schöne Messerchen, und die legten sie oben darauf. Aber, als sie eine kleine Strecke durch den Wald gegangen waren, sahen sie einen großen Bären entgegenkommen; da fürchteten sie sich sehr und versteckten sich und ließen in der Eile ihre Töpfchen zurück, die der Bär, als er herbeikam, mitsamt den Fischen und Beeren auffraß. Und auch die Messerchen verschluckte er. Dann tappte er wieder fort. Die Kinder, als sie sich wieder hervorwagten aus ihrem Versteck und sahen, dass ihre Fische und Beeren und Töpfe und Messer gefressen waren, fingen sie sehr an zu weinen und gingen nach Hause und sagten es ihrem Vater. Der machte sich schnell auf, nahm ein langes Messer mit, ging hinaus in den Wald und schnitt dem Bären den Leib auf und tat alles wieder heraus: die Beeren, die Fischchen, die Töpfchen und Messerchen und gab es seinem Hänschen und Gretchen wieder. Da waren die Kinder voll Fröhlichkeit und trugen ihre Töpfchen heim und aßen die roten Beeren und aßen ihre Fischchen, und spielten mit den schönen Messerchen.

LUDWIG BECHSTEIN

Fröhliche, pausbäckige Kinder, die ihre Kannen und Körbe mit Beeren füllen und zwischendurch naschen, so stellte Ludwig Richter, der auch viele Märchen illustrierte, eine biedermeierliche Waldszene dar. Wenn die Heidelbeeren reif waren, zog die ganze Familie zum Sammeln in den Wald, oft jedoch nicht zum Vergnügen. Es dauerte lange, und der Rücken schmerzte, ehe ein Gefäß mit den winzigen Früchten gefüllt war. Sie bereicherten die eigenen Mahlzeiten oder wurden verkauft.

DER BEERENWALD

Der Wald, worin ich einstens war,
liegt noch im gleichen Licht.
Ein Spinnweb hängt sich in das Haar,
ein Zweig schrammt das Gesicht.

Die Heidelbeere schwillt im Kraut,
von Blättern halb versteckt.
Wie hab ich gerne sie gekaut,
ihr dunkles Blut geschmeckt.

Doch wenn der körnig blaue Saft
mir wieder schmilzt im Mund,
wird in der Süße dämmerhaft
die bittre Zeit mir kund.

Ich seh den Wald, der einstens war,
nicht mehr im gleichen Licht,
wo ich gespielt im Kinderjahr,
kenn ich die Kiefern nicht.

GÜNTER EICH

HAGEBUTTENSUPPE

Zutaten für 4 Portionen:
1 kg Hagebutten
1 l Wasser
1 l trockener Weißwein
Zucker nach Geschmack
fein geschnittene Schale einer
halben Zitrone
1 Messerspitze gemahlener Zimt
4 Scheiben getoastetes Weißbrot

❧ Die Hagebutten mit Wasser
und Wein in einen Topf geben und
eine gute halbe Stunde kochen.
❧ Sobald sie weich sind, durch ein feines Sieb streichen.
❧ Mit Zucker, Zitronenschale und Zimt würzen. Auf die
Weißbrotscheiben geben.

RÄTSEL

Ein Männlein steht im Walde
Ganz still und stumm,
Es hat von lauter Purpur
Ein Mäntlein um,
Sagt, wer mag das Männlein sein,
Das da steht im Wald allein
Mit dem purpurroten Mäntelein?

Das Männlein steht im Walde
Auf einem Bein
Und hat auf seinem Haupte
Schwarz Käpplein klein.
Sagt, wer mag das Männlein sein,
Das da steht im Wald allein
Mit dem kleinen schwarzen Käppelein?

Das Männlein dort auf einem Bein
Mit seinem roten Mäntelein
Und seinem schwarzen Käppelein
Kann nur die Hagebutte sein!

AUGUST HEINRICH HOFFMANN VON FALLERSLEBEN

BROMBEERSAHNE

Zutaten für 4 Portionen:
650 g Brombeeren
300 g Zucker
600 ml Sahne
2 Eiweiß, steifgeschlagen

Brombeeren zerdrücken. 175 g Zucker
darüberstreuen und an einem kühlen Platz
2 Stunden durchziehen lassen.
Anschließend in ein feines Sieb geben und
den Saft auffangen. Saft mit dem restlichen
Zucker süßen.
Sahne leicht schlagen, nach und nach
Fruchtsaft und Eischnee hinzufügen.
So lange weiterschlagen, bis sich kein Schaum
mehr bildet, und sofort servieren.

DIE SCHWEREN BROMBEEREN

Es wollt ein Mägdlein früh aufstehn,
Drei Stündelein vor dem Tag,
Wollt in den grünen Wald naus gehn,
Brombeerlein brechen ab.

Und als sie in den Wald 'nein kam,
Begegnet ihr Jägers Knecht.
»Ei, Mädchen, scher dich weg nach Haus,
Dem Herren ist das nicht recht.«

Und als das Mädchen rückwärts kam,
Begegnet ihr Jägers Sohn:
»Ei, Mädchen, brech dir ohne Scham,
Ein Schoß voll gönn ich dir schon.«

»Ein Schoß voll, den begehr ich nicht,
Ein Handvoll hab ich genug.«
Die Brombeeren standen da so dicht,
Sie suchten da immerzu.

Und als ein halbes Jahr um war,
Brombeerlein wurden groß,
Und als ein drei Vierteljahr um waren,
Ein Kindlein auf dem Schoß.

»Ach Gott, sind das die Brombeerlein,
Die ich mir gebrochen hab?
Komm her, du falsches Jägerlein,
Hilf tragen mich ins Grab.«

PIKANTE STEINPILZE

Zutaten für 4 Portionen:
je 375 ml Wasser und Weißweinessig
500 g kleine Steinpilze, gesäubert, kurz abgebraust und trockengetupft
Salz
1 gehäufter TL weiße Pfefferkörner
2 EL fein gewürfelter frischer
Meerrettich
2 EL fein gewürfelte Möhren
20 kleine Schalotten oder 2 große
Zwiebeln, geschält und in Ringe
geschnitten

🍃 Wasser und Essig zum Kochen
bringen, Pilze darin 5 Minuten bei
mittlerer Temperatur sieden.

Salz, Pfeffer, Meerrettich, Möhren und Schalotten (oder Zwiebeln) hinzufügen und weitere 5 Minuten kochen.

Pilze mit dem Sud in einem Glas- oder Porzellangefäß abkühlen lassen und zu kurzgebratenem Fleisch oder Braten servieren.

RÄTSEL

Bin ich fruchtlos, ist es bös,
Bin ich fruchtbar, krieg ich Stöß;
Ein jeder wirft nach mir den Stein:
Rat, was mag das sein?

Der Nussbaum

ZWEIERLEI WALDLUFT

Die Luft der Wälder ist so staubarm wie sonst nur noch an der See oder in großen Höhen. Die Zahl der lungengängigen Staubteilchen ist im Wald um 90 bis 99 Prozent geringer als in der Stadt. (…) Zudem ist die Waldluft durch Terpene und ätherische Öle würzig und (…) heilsam für die Bronchien. (…) Die Lungenheilkunde kann (…) trotz aller Fortschritte in der Chemotherapie und Operationstechnik auf Kuren in Waldgebieten nicht verzichten. Klimakuren im Wald sind aber auch für viele andere Krankheiten empfehlenswert: Zum Beispiel bei Erkrankungen des Herzens und der Gefäße, bei Bronchialasthma, Migräne und Schilddrüsenüberfunktion. (…)

Ein Hektar Fichtenwald bindet jährlich bis zu 30 Tonnen Staub. Ein Hektar Buchenwald reinigt die Luft jährlich sogar um bis zu 68 Tonnen Staub.

SCHUTZGEMEINSCHAFT DEUTSCHER WALD 1998/2006

Die Waldluft ist allgemein bekannt als eine ungesunde Luft. Alle Länder, die große Wälder haben, oder daran grenzen, haben ungesunde Luft: und je mehr die Wälder ausgehauen und das Land kultiviert wird, um desto gesunder wird das Klima desselben. Dies ist

VON LINKS OBEN NACH RECHTS UNTEN *Schautafeln aus botanischen Werken des 18. und 19. Jahrhunderts: Baldrian; Brombeere; Kleine Brennnessel; Stieleiche. Baldrian beispielsweise spielt nicht nur in der Naturheilkunde eine Rolle, angeblich benutzten ihn auch Hexen, um sexuelle Begierde zu dämpfen. Allerdings wurde die Pflanze auch als Gegenmittel angewandt: Am Hochzeitstag mussten die Brautleute sie bei sich tragen, um einer Verhexung zu entgehen.*

unwiderlegliche Erfahrung, und hieraus folgere ich, dass die dicken Wälder von der Regel, gesunde Luft zu geben, abweichen.

GOTTFRIED ALBERT KOHLREIF (1749–1802), *Professor der Medizinischen Elektrizität*

HEILUNG AUS DEM WALD

So manche Krankheit lässt sich heilen oder sogar verhindern, wenn man ein Kraut, eine Beere, einen Baum dagegen kennt. Viele dieser Pflanzen wachsen im Wald, und ihre Wirkung wird heute ebenso geschätzt wie vor Tausenden von Jahren, als den Menschen noch keine anderen Heilmittel zur Verfügung standen. Die Waldapotheke steht jedem offen, der sich ein wenig in ihr auskennt.

Baldrian (September bis Oktober)
Ein Tee aus den getrockneten Wurzeln hilft gegen Schlaflosigkeit, Nervosität, Unruhe und Prüfungsangst. Weniger bekannt ist, dass Baldrian als Tee, Tinktur oder Pulver auch bei psychosomatisch bedingten Krankheiten wie Magenkrämpfen eingesetzt werden kann. Auf Katzen hat die Pflanze, die auch Katzenkraut genannt wird, allerdings keine beruhigende Wirkung, im Gegenteil: Selbst ältere oder träge Tiere werden allein durch den Geruch zu hektischen Aktivitäten animiert.

Bärlauch (Blätter: März bis Mai)
Er ist ein Alleskönner, der auch noch köstlich schmeckt. Der »Waldknoblauch« senkt den Blutdruck und stärkt das Herz. Er beugt Arterienverkalkung vor und fördert die Verdauung. Verfehlen kann man ihn nicht, dafür sorgt sein intensiver Knoblauchduft. Der schützt auch vor einer Verwechslung mit den giftigen Blättern von Herbstzeitlosen oder Maiglöckchen. Wer Zweifel hat,

sollte die Blätter zwischen den Fingern reiben oder Bärlauch auf dem Markt kaufen.

Brennnessel   (März bis Juni)
Junge Brennnesselblätter stärken mit ihren Vitaminen und Mineralstoffen das Immunsystem. Sie können etwa Salaten, Suppen oder Knödeln zugegeben werden. Frisch gepresster Brennnesselsaft regt den Stoffwechsel an. Tee aus getrockneten Brennnesselblättern unterstützt die Heilung von Nieren- und Blasenerkrankungen und wird gegen Rheuma und Gicht empfohlen.

Wer sich die Finger nicht verbrennen will, sollte Brennnesseln nur mit Gartenhandschuhen pflücken! Sind die Blätter schon etwas welk oder werden sie gedünstet oder blanchiert, kann man sie ohne schmerzhafte Folgen verarbeiten und essen.

Brombeere   (Blätter: April bis September, Beeren:
August bis September)
Jeder kennt sie, jeder mag sie, doch die wenigsten wissen, wie gesund die Brombeere ist. Das Gurgeln mit dem Saft der vitaminreichen Früchte hilft gegen Heiserkeit und wirkt wohltuend bei einer Überanstrengung der Stimme. Ein Tee aus den getrockneten Blättern wird unter anderem gegen leichte Durchfallerkrankungen, Fieber und Blasenentzündungen eingesetzt.

Eiche   (März bis Mai)
»Das Holz und die Späne gesotten, und davon getrunken, dienen für die geschwollenen Füße, Wasser-Sucht und Frantzosen. Die Blätter dienen für das Zahn-Weh und faule Zahn-Fleisch.« So wurde in einem Arzneibuch aus dem Jahr 1764 die Heilwirkung der Eiche beschrieben. Einige dieser Aussagen haben bis heute Gültigkeit. Eichenrinde wirkt stark zusammenziehend, und so wird eine Tinktur oder ein Tee daraus noch immer gegen Zahnfleischentzündung und schlecht heilende Wunden eingesetzt, außerdem als Mittel gegen Durchfall, Darmentzündung und vieles andere.

UNTEN *Haselstrauch;
Heidelbeere; Echter Holunder. Dem Haselstrauch
werden magische Kräfte
zugeschrieben. Mit
Wünschelruten aus Hasel-
zweigen kann man angeb-
lich Schätze heben und
Wasserquellen finden.*
RECHTS *Die Wundereiche
im Stadtwald von Barth in
Vorpommern.*

Haselnuss (September bis Oktober)

Man kann ihre Zweige als Wünschelrute verwenden und mit deren Hilfe Schätze heben, Wasserquellen finden, Hexen bannen oder Diebe aufspüren. Sollte man damit keinen Erfolg haben, bleibt immer noch die Nuss selbst. Ihr hoher Vitamin-B-Gehalt stärkt die Nerven, erhöht die Konzentration und steigert das Leistungsvermögen. Ob das auch für sexuelle Leistungen gilt, wie der Volksglaube es will, ist nicht nachgewiesen.

Heidelbeere (Juni bis August)

»Dann nehme die Frau Heidelbeeren«, empfahl Hildegard von Bingen vor beinahe tausend Jahren gegen das Ausbleiben der Menstruation. Heute ist diese Anwendung in Vergessenheit geraten. Dagegen werden die getrockneten Beeren gegen Mundschleimhaut- und Rachenschleimhaut-Beschwerden gekaut und sind außerdem ein beliebtes Heilmittel bei leichten Durchfallerkrankungen.

Holunder (Blüten: Mai bis Juli, Beeren: August bis Oktober)

Die Heilkräfte des Schwarzen Holunders waren schon vor Jahrtausenden bekannt. Hippokrates empfahl ihn gegen Verstopfung, Wassersucht und gynäkologische Beschwerden. Heute wird der heiße Saft vor allem zur Vorbeugung von Erkältungen verabreicht. Ein Tee aus Holunderblüten wirkt schweißtreibend gegen Erkältungen und stärkt das Immunsystem.

Kiefer (junge Triebe: Mai)

Wer seine müden Beine mit Franzbranntwein einreibt, macht sich wohl selten klar, dass er dessen wohltuende Wirkung zum Großteil der Kiefer verdankt. Das ätherische Öl des Nadelbaums fördert die Durchblutung und lindert Schmerzen. Deshalb ist es auch ein wichtiger Wirkstoff in Salben gegen Rheuma und Gicht. In der Volksmedizin wird Kiefernöl vor allem zur Behandlung von Erkältungen und Husten eingesetzt. Inhalationen aus frischen Kiefernsprossen oder Einreibemittel für Brust und Rücken verschaffen Linderung.

DIE AKELEI

So einem Mann seine Krafft genommen
und durch Zauberey oder andere Hexenkunst zu den ehelichen
Wercken unvermöglich worden were
der trinck stätig von dieser Wurtzel und dem Samen
er genieset
und kompt wieder zurecht.

TABERNAEMONTANUS

DIE WUNDEREICHE VON BARTH

In der Barther Stadtforst, hart zur Rechten der Landstraße, welche von Lüdershagen über Gätkenhagen nach Barth führt, steht eine Eiche, welche die Wundereiche oder auch die Gesundheitseiche genannt wird. Sie ist fünfzehn Meter hoch und hat eineinhalb Meter Umfang; umgeben ist sie von Kiefernstangen. Ungefähr drei Meter über dem Erdboden ist aus dem Eichenstamm ein Ast herausgewachsen, der, nachdem er einen Halbkreis beschrieben hat, mit dem Hauptstamm wieder zusammengewachsen ist. Die dadurch entstandene Öffnung ist so groß, dass ein erwachsener Mensch bequem hindurchkriechen kann. Man glaubte nun früher, dass Kranke, die durch diese Öffnung hindurchkrochen, gesund wurden; das galt besonders von Gelähmten, Rheumatikern und Gichtkranken. Um denen die Heilkur zu erleichtern, war unterhalb der Öffnung ein Bretterboden angebracht, zu dem man vermittelst einer Leiter hinaufstieg. Die Kranken kamen von nah und fern, um an der Wundereiche Genesung zu suchen; zuweilen hielten ganze Reihen von Kutschwagen hintereinander, deren Insassen hier Heilung suchten. Und sie kamen nicht nur aus der Greifswalder und Wolgaster Gegend, sondern selbst tief aus Mecklenburg. Oft ging die Heilung so schnell vor sich, dass die Kranken gleich ihre Krücken an Ort und Stelle lassen konnten. Die Krücken wurden an den Baum gehängt, und alte Leute erinnern sich noch von früher her, dass zuweilen an fünfzig Krücken an dem Baume hingen.

VON ELFEN UND ANDEREN WALDWESEN

Die in der freien Natur, im Walde u. auf Wiesen sich bewegenden *Elben* und *Elfen*, teils Licht-Elben, gutmütig und munter, teils Schwarz-Elben oder bösartige, beide auf Wiesen Tänze aufführend, die bösartigen dabei das Gras wie verbrannt zurücklassend, Menschen herbeiziehend u. sie zerreißend, sind im Wesentlichen nur ein allgemeiner Name der nichtriesischen Naturdämonen, zu denen die Zwerge wie die Berg-, Wald-, Feld-, Wiesen- und Wassergeister gehören. In den Bayrischen Alpen leben die gutmütigen, weiblich gedachten Elfen in Bergschluchten, sind sehr scheu, daher schwer zu sehen, nähren sich von der Milch der Kühe und Ziegen, die in ihrer Nähe weiden, und geben den Menschen dafür reichlichen Segen.

(…) *Waldgeister* sind nur selten männlich; wilde Waldmänner rauben Mädchen (Bö., Vgtl.) und leben mit ihnen in Ehe; andere erschrecken die nächtlichen Wanderer. Viel häufiger u. harmloser sind die *Waldweibel* (Holzweibel, Holz- oder Waldfräulein, Moosleute), zwergig, Gesicht und Gewand grau wie graues Moos, seltener nackt, sie leben in hohlen Bäumen. Sie spinnen ihr Garn aus dem Baummoos, waschen sich das Gesicht mit Tau, welcher in den Frauenmäntelchen (Alchemilla, Marienkraut) ist, baden sich im Wiesentau u. trocknen sich mit Wollmoos ab. Sie leben in Ehe (die Männer treten aber wenig hervor), u. haben Kinder. Gegen die Menschen sind sie gutmütig, bitten sie um Hilfe u. sind auch ihnen dienstwillig im Walde u. bei der häuslichen Arbeit u. geben manchmal sogar Gold. Sie nehmen als Lohn für ihre Dienste nur Speisen

OBEN Tierdame *mit Einhorn, dem Fabeltier, das seine Scheu nur bei Jungfrauen verliert.* RECHTS *Darstellung einer Elfe von Max Klinger.*

an, aber nicht Fleisch; man setzt wohl Brosamen u. Speisereste für sie auf den Ofen. Sie führen ein trauriges Leben, denn sie werden von dem wilden Jäger verfolgt u. dann in der Luft in Stücke gerissen u. die Glieder herabgeworfen; sie klagen daher viel u. heißen »Klageweibel, Klagemütter«. Sie bitten oft die Holzhauer, drei Kreuze auf die Baumstumpfe mit der Axt einzuhauen; darauf setzen sie sich u. sind so vor dem wilden Jäger sicher (S.dtl., Bö.); in Bayern u. Tirol findet man sehr oft solche bekreuzte Baumstumpfe. Sie gehören augenscheinlich in das Gebiet der Frigg und Freyja; sie warnen vor Entheiligung des Freitags, kleiden sich in Linnen und spinnen selbst; wer einen Strang von ihrem Garn besitzt, dem widerfährt kein Unglück (Bay.); bei der Flachsernte u. oft auch bei der Getreideernte lässt man für sie einige Büschel stehen (Frk.). Die böhmischen u. voigtländ. Waldweiber sind bösartiger u. bringen Wechselbälge. Die Waldleute berühren sich bald mit den Riesen, bald mit den Zwergen.

ADOLF WUTTKE

Mein Wagen rollet langsam
Durch lustiges Waldesgrün,
Durch blumige Täler, die zaubrisch
Im Sonnenglanze blühn.

Ich sitze und sinne und träume,
Und denk an die Liebste mein;
Da grüßen drei Schattengestalten
Kopfnickend zum Wagen herein.

Sie hüpfen und schneiden Gesichter,
So spöttisch und doch so scheu,
Und quirlen wie Nebel zusammen,
Und kichern und huschen vorbei.

HEINRICH HEINE

ELFENLIED

Bei Nacht im Dorf der Wächter rief:
    Elfe!
Ein ganz kleines Elfchen im Walde schlief –
    Wohl um die Elfe! –
Und meint, es rief ihm aus dem Tal
Bei seinem Namen die Nachtigall,
Oder Silpelit hätt ihm gerufen.
Reibt sich der Elf die Augen aus,
Begibt sich vor sein Schneckenhaus,

Und ist als wie ein trunken Mann,
Sein Schläflein war nicht voll getan,
Und humpelt also tippe tapp
Durchs Haselholz ins Tal hinab,
Schlupft an der Mauer hin so dicht,
Da sitzt der Glühwurm, Licht an Licht.
»Was sind das helle Fensterlein?
Da drin wird eine Hochzeit sein:
Die Kleinen sitzen beim Mahle,
Und treibens in dem Saale.
Da guck ich wohl ein wenig 'nein!«
– Pfui, stößt den Kopf an harten Stein!
Elfe, gelt, du hast genug?
   Gukuk! Gukuk!

    EDUARD MÖRIKE

OBEN UND LINKS *Sie sind zierlich und musikbegabt, aber nicht immer gutmütig; sie haben spitze Ohren und magische Kräfte – seit Jahrhunderten beleben Elfen die Fantasie der Menschen.*

HURLEBURLEBUTZ

Ein König verirrte sich auf der Jagd, da trat ein kleines weißes Männchen vor ihn: »Herr König, wenn Ihr mir Eure jüngste Tochter geben wollt, so will ich Euch wieder aus dem Wald führen.« Der König sagte in seiner Angst zu, das Männchen brachte ihn auf den Weg, nahm dann Abschied und rief noch nach: »In acht Tagen komm' ich und hol' meine Braut.«

Daheim aber war der König traurig über sein Versprechen, denn die jüngste Tochter hatte er am liebsten. Das sahen ihm die Prinzessinnen an und wollten wissen, was ihm Kummer mache. Da musst' er's endlich gestehen, er habe die jüngste von ihnen einem kleinen weißen Waldmännchen versprochen, und das komme in acht Tagen und hole sie ab. Sie sprachen aber, er solle guten Muts sein, das Männchen wollten sie schon anführen. Danach, als der Tag kam, kleideten sie eine Kuhhirtstochter mit ihren Kleidern an, setzten sie in ihre Stube und befahlen ihr: »Wenn jemand kommt und will dich abholen, so gehst du mit!« Sie selber aber gingen alle aus dem Hause fort.

Kaum waren sie weg, so kam ein Fuchs in das Schloss und sagte zu dem Mädchen: »Setz dich auf meinen rauhen Schwanz. Hurleburlebutz! Hinaus in den Wald!« Das Mädchen setzte sich dem Fuchs auf den Schwanz, und so trug er es hinaus in den Wald. Wie sie aber auf einen schönen grünen Platz kamen, wo die Sonne recht hell und warm schien, sagte der Fuchs: »Steig ab und laus mich!« Das Mädchen gehorchte, der Fuchs legte seinen Kopf auf ihren Schoß und ward gelaust. Bei der Arbeit sprach das Mädchen: »Gestern um die Zeit war's doch schöner in dem Wald!«

»Wie bist du in den Wald gekommen?«, fragte der Fuchs.

»Ei, da hab' ich mit meinem Vater die Kühe gehütet.«

»Also bist du nicht die Prinzessin! Setz dich auf meinen rauhen Schwanz. Hurleburlebutz! Zurück in das Schloss!« Da trug sie der Fuchs zurück und sagte zum König: »Du hast mich betrogen, das ist eine Kuhhirtstochter, in acht Tagen komm' ich wieder und hol' mir deine.«

Am achten Tage aber kleideten die Prinzessinnen eine Gänsehirtstochter prächtig an, setzten sie hin und gingen fort. Da kam der Fuchs wieder und sprach: »Setz dich auf meinen rauhen Schwanz. Hurleburlebutz! Hinaus in den Wald!« Wie sie in dem Wald auf den sonnigen Platz kamen, sagte der Fuchs wieder: »Steig ab und laus mich.« Und als das Mädchen den Fuchs lauste, seufzte es und sprach: »Wo mögen jetzt meine Gänse sein!«

»Was weißt du von Gänsen?«

»Ei, die hab' ich alle Tage mit meinem Vater auf die Wiesen getrieben.«

»Also bist du nicht des Königs Tochter! Setz dich auf meinen rauhen Schwanz. Hurleburlebutz! Zurück in das Schloss!«

Der Fuchs trug sie zurück und sagte zum König: »Du hast mich wieder betrogen, das ist eine Gänsehirtstochter, in acht Tagen komm' ich noch einmal, und wenn du mir dann deine Tochter nicht gibst, so soll dir's übel gehen.«

Dem König ward angst, und wie der Fuchs wieder kam, gab er ihm die Prinzessin.

»Setz dich auf meinen rauhen Schwanz. Hurleburlebutz! Hinaus in den Wald!« Da musste sie auf dem Schwanz des Fuchses hinausreiten, und als sie auf den Platz im Sonnenschein kamen, sprach er auch zu ihr: »Steig ab und laus mich!« Als er ihr aber seinen Kopf auf den Schoß legte, fing die Prinzessin an zu weinen und sagte: »Ich bin eines Königs Tochter und soll einen Fuchs lausen; säß ich jetzt daheim in meiner Kammer, so könnt' ich meine Blumen im Garten sehen!«

Da hörte der Fuchs, dass er die rechte Braut hatte, verwandelte sich in das kleine weiße Männchen, und das war nun ihr Mann, bei dem musst' sie in einer kleinen Hütte wohnen, ihm kochen und nähen, und es dauerte eine gute Zeit. Das Männchen aber tat ihr alles zuliebe.

Einmal sagte das Männchen zu ihr: »Ich muss fortgehen, aber es werden bald drei weiße Tauben geflogen kommen, die werden ganz niedrig über die Erde hinstreifen, davon fang die mittelste, und wenn du sie hast, schneid ihr gleich den Kopf ab, hüt dich aber, dass du keine andere ergreifst als die mittelste, sonst entsteht ein großes Unglück daraus.«

Das Männchen ging fort; es dauerte auch nicht lang, so kamen drei weiße Tauben dahergeflogen. Die Prinzessin gab acht, ergriff die mittelste, nahm ein Messer und schnitt ihr den Kopf ab. Kaum aber lag der auf dem Boden, so stand ein schöner junger Prinz vor ihr und sprach: »Mich hat eine Fee verzaubert, sieben Jahr lang sollt' ich meine Gestalt verlieren und sodann als eine Taube an meiner Gemahlin vorbeifliegen, zwischen zwei anderen, da müsse sie mich fangen und mir den Kopf abhauen, und fange sie mich nicht oder eine unrechte und ich sei einmal vorbeigeflogen, so sei alles vorbei

UNTEN *Wer wohnt in diesem Wald, den ein unbekannter Künstler des Spätmittelalters malte? Seltene Tiere, Einsiedler, Fabelwesen? Hat sich vielleicht eine Prinzessin hier verirrt? Versteckt sich ein Räuber? Jederzeit kann sich Märchenhaftes ereignen.*

und keine Erlösung mehr möglich: Darum hab' ich dich gebeten, ja recht achtzuhaben, denn ich bin das graue Männlein und du meine Gemahlin.«

Da war die Prinzessin vergnügt, und sie gingen zusammen zu ihrem Vater, und als der starb, erbten sie das Reich.

BRÜDER GRIMM

DIE WALDJUNGFRAUEN

In der Nähe des Städtchens Baiersdorf zwischen Erlangen und
Forchheim liegt ein Wald und in dem Wald ein Quell, aus diesem
kamen, so erzählen alte Leute, zum Öfteren Jungfrauen in die Stadt
von holdseliger Gestalt und Gebärde. Sie wohnten den Tänzen der
Jugend bei und erfreuten auch mit süßem Gesang die Zuhörer. Da
traf sich's wohl bisweilen, dass eines Jünglings Herz in Liebe kam
gegen diese zarten Mädchen, und dass er ihnen nachfolgte, wenn
sie zum Wald zurückgingen. Oder es trieb auch manchen die Neu-
gier hinaus in den Wald, zu erspähen, in welchem Schloss oder
Haus diese Huldinnen wohnten, doch hat es keinem Glück ge-

bracht, der ihren Spuren folgte. Die Liebenden kehrten meist in sich gekehrt und tiefsinnig zurück; einer sprach, ein anderer lachte nie mehr, ein dritter fiel in schwere Krankheit des Gemüts, daran er starb. Die Neugierigen wurden geschreckt durch hässliche Waldgespenste und empfingen zum Teil allen übeln Lohn des Vorwitzes. Daher wurde es bald im Volke üblich, die Kinder zu warnen, zumal abends, nicht in den Wald zu gehen oder im Walde einer Jungfrauenerscheinung nachzuwandeln, weil es Unglück bringe. Heutzutage sieht man die Waldjungfrauen nicht mehr und hört nichts mehr von ihnen.

LUDWIG BECHSTEIN

WALDGESPRÄCH

Es ist schon spät, es wird schon kalt,
Was reitst du einsam durch den Wald?
Der Wald ist lang, du bist allein,
Du schöne Braut! Ich führ dich heim!

»Groß ist der Männer Trug und List,
Vor Schmerz mein Herz gebrochen ist,
Wohl irrt das Waldhorn her und hin,
O flieh! Du weißt nicht, wer ich bin.«

So reich geschmückt ist Ross und Weib,
So wunderschön der junge Leib,
Jetzt kenn ich dich – Gott steh mir bei!
Du bist die Hexe Lorelei.

»Du kennst mich wohl – von hohem Stein
Schaut still mein Schloss tief in den Rhein.
Es ist schon spät, es wird schon kalt,
Kommst nimmermehr aus diesem Wald!«

JOSEPH VON EICHENDORFF

UNTEN *Die meisten kennen sie als Nixe auf dem Rheinfelsen, berühmt durch Heinrich Heines Gedicht. Für Joseph von Eichendorff war die Loreley eine Waldfrau, der das Herz gebrochen worden war und die deshalb die Männer ins Verderben führte. Philipp von Foltz malte sie betörend schön und rätselhaft mit ihrer Leier.*

Hän - sel und Gre - tel ver - lie - fen sich im Wald.

Es war so fins - ter und auch so bit - ter kalt. Sie

ka-men an ein Häus-chen von Pfef-fer - ku-chen fein.

Wer mag der Herr wohl von die-sem Häus-chen sein?

Hu, hu, da schaut' eine alte Hexe raus!
Lockte die Kinder ins Pfefferkuchenhaus.
Sie stellte sich gar freundlich, o Hänsel, welche Not!
Ihn wollt' sie braten im Ofen braun wie Brot!

Doch als die Hexe zum Ofen schaut' hinein,
ward sie gestoßen von Hans und Gretelein.
Die Hexe musste braten, die Kinder gehn nach Haus.
Nun ist das Märchen von Hans und Gretel aus.

HÄNSEL UND GRETEL

Ihr Kinder, spricht das Mütterlein,
Geht ja nicht in den Wald hinein.

Ja Prosit! Wenn der Has' nicht wär'!
Gleich müssen sie dahinter her.

Nicht lange, eh' man's sich versah,
Steht schon die Kinderfalle da.

Die böse Hexe schreit: Nanu!
Perdatsch! Da fällt die Falle zu.

Und Hans und Gretel, ach, o Graus!
Schleppt man bis in das Hexenhaus.

Die Hexe macht das Feuer an,
Dass sie die Kinder kochen kann.

Am Tisch der dicke Bösewicht,
Der passt schon auf sein Leibgericht.

Doch Hänsel fasst die Hex' am Bein,
Plumps! fällt sie in den Topf hinein.

Die Hexe kriegte ihren Lohn,
Tot hängt sie an der Gabel schon.

Der Menschenfresser, zornentbrannt,
Kommt mit dem Messer angerannt.

Im Kasten will er sie ertappen,
Der Kasten aber hat zwei Klappen.

O weh! Das hat er nicht bedacht,
Nun wird der Käfig zugemacht.

Der Dicke wird gerollt – und plumpf!
Schmeißt man ihn in den tiefen Sumpf.

Jetzt gehn die zwei zum Wald hinaus,
Die Mutter schaut schon aus dem Haus;

Sie winkt und lässt die Rute sehn:
Na, gute Nacht! Da dank' ich schön!

WILHELM BUSCH

ZWIELICHT

Dämmrung will die Flügel spreiten,
Schaurig rühren sich die Bäume,
Wolken ziehn wie schwere Träume –
Was will dieses Graun bedeuten?

Hast ein Reh du lieb vor andern,
Lass es nicht alleine grasen,
Jäger ziehn im Wald und blasen,
Stimmen hin und wieder wandern.

Hast du einen Freund hienieden,
Trau ihm nicht zu dieser Stunde,
Freundlich wohl mit Aug und Munde,
Sinnt er Krieg im tückschen Frieden.

Was heut müde gehet unter,
Hebt sich morgen neugeboren.
Manches bleibt in Nacht verloren –
Hüte dich, bleib wach und munter!

JOSEPH VON EICHENDORFF

OBEN *Die bedrohliche
Stimmung des Gemäldes*
Düsterer Waldrand
*von Wilhelm Busch kor-
respondiert mit der des
Eichendorff-Gedichts
»Zwielicht«. Während
Busch durch seine
Bildergeschichten noch zu
Lebzeiten berühmt wurde,
ist er als Maler bis heute
wenig bekannt.*

IM WALDE

Der Wald wird immer dichter, und dunkler wird die Nacht;
»Was bäumst du dich, mein Rappe, was hat dich scheu gemacht?
Du siehst wohl rings am Wege die Trauerweiden stehn
Und ahnst, dass in dem Walde gar Arges schon geschehn!«

Wie schaurig Geisterklänge durch alle Gipfel ziehn,
Gespenstisch Riesenschatten an mir vorüberfliehn,
Die alten Föhren starren mich düstren Blickes an
Und wehren mit den Armen mir späten Reitersmann.

*Moritz von Schwind fängt
die Angst vor Waldgeistern
bildlich ein.*

Doch mit geschärften Sinnen trabt Ross und Reiter fort,
Und düstrer wird's und stiller rings an dem Schreckensort;
Da plötzlich hellt das Dunkel des Mondes blasser Schein,
Da stört die Grabesstille des Birkhuhns heisres Schrein.

Mein Auge schließt sich krampfhaft, mein Blut erstarrt zu Eis,
Das Blut des Rappen rieselt aus Sporenwunden heiß,
So jag ich, bis der Morgen die düstre Nacht gebleicht,
Bis ich den Rettungshafen, des Waldes Saum, erreicht.

THEODOR FONTANE

DER SCHIMMELREITER IM LOCHUMER WALD

Bei der Rückkehr der Franzosen aus Russland im Frühjahr 1813 verirrten sich einzelne Soldaten in die abgelegenen Dörfer des Westerwaldes, wo sie mit Gewalt nahmen, was man ihnen nicht freiwillig geben wollte. Darüber waren die Bauern sehr erbittert, und so ließ sich ein Einwohner von Rotenhain verleiten, im Wald zwischen Rotenhain und Lochum einen wehrlosen Franzosen totzuschlagen. Der Franzose verschied mit dem Ausruf: »Mon Dieu!«, und diese Worte kamen seitdem dem Bauern nie mehr aus dem Gedächtnis. Wo er ging und stand, verfolgte ihn das Wort, und als es mit ihm zu Ende ging, lag er tagelang im Todeskampf und stieß nur die Worte aus: »Mon Dieu! Mon Dieu!«

In ihrer Not wandten sich die Angehörigen an den Ortsgeistlichen, welcher mit ihnen zu der Stelle im Wald ging, wo der Franzose erschlagen worden war. Dort beteten sie für den Erschlagenen und den Sterbenden. Nun konnte der Bauer endlich sterben.

Im Lochumer Wald aber gewahrt man nachts zwischen 12 und 1 Uhr einen Reiter auf einem Schimmel durch das Gebüsch rasen und fortgesetzt rufen: »Mon Dieu! Mon Dieu!« Viele Leute haben den Schimmelreiter dort gesehen, und noch heute befällt manch einen ein Zittern, wenn er zur Nachtzeit durch den Lochumer Wald gehen muss.

KLAGE UM DEN KLEINEN JAKOB

Wo ist der kleine Jakob geblieben?
Hatte die Kühe waldein getrieben,
Kam nimmer wieder,
Schwestern und Brüder
Gingen ihn suchen in'n Wald hinaus –
Kleiner Jakob, kleiner Jakob, komm zu Haus!

Wo ist der kleine Jakob gegangen?
Es hat ihn ein Unterirdscher gefangen,
Muss unten wohnen,
Trägt goldne Kronen,
Gläserne Schuh, hat ein gläsern Haus.
Kleiner Jakob, kleiner Jakob, komm zu Haus!

Was macht der kleine Jakob da unten?
Streuet als Diener das Estrich mit bunten
Blumen und schenket
Wein ein und denket:
Wärest du wieder zum Wald hinaus!
Kleiner Jakob, kleiner Jakob, komm zu Haus!

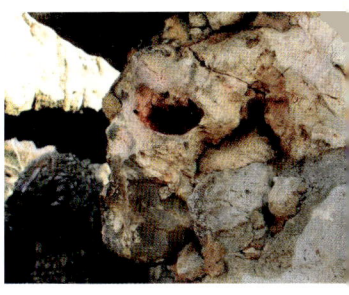

OBEN *Sieht so das Ende aus? Lauert diese Maske hinter aller Angst? Ist sie der Inbegriff des namenlosen Schreckens? Die Fotografin Susanne Maria Lang hat sie bei ihren Streifzügen durch die Natur gefunden, so wie viele andere Gesichter aus Holz und Stein, in denen menschliche Gefühle Ausdruck gefunden zu haben scheinen.*

So muss der kleine Jakob dort wohnen,
Helfen ihm nichts seine güldenen Kronen,
Schuhe und Kleider,
Weinet sich leider –
Ach! armer Jakob! – die Äuglein aus.
Kleiner Jakob, kleiner Jakob, komm zu Haus!

ERNST MORITZ ARNDT

Durch den Wald, im Mondenscheine,
Sah ich jüngst die Elfen reuten;
Ihre Hörner hört ich klingen,
Ihre Glöckchen hört ich läuten.

Ihre weißen Rösslein trugen
Güldnes Hirschgeweih und flogen
Rasch dahin, wie wilde Schwäne
Kam es durch die Luft gezogen.

Lächelnd nickte mir die Köngin,
Lächelnd, im Vorüberreuten.
Galt das meiner neuen Liebe,
Oder soll es Tod bedeuten?

HEINRICH HEINE

IN DEN WALD ZUR LETZTEN RUHE

Bis hierher können Hektik und Lärm des Alltags nicht durchdringen. Nur Vogelgezwitscher ist zu hören und ab und zu ein Rascheln im Gehölz. Die Sonne durchstreift mit ihren Lichtbahnen das Grün. Wenn sie untergeht, leuchtet der Wald noch einmal auf. Dann hüllt er sich in Stille und Dunkelheit. Hier endlich ist es friedlich.

Der Wald ist ein Rückzugsort für viele Menschen – im Leben und immer häufiger auch danach. Seit im Jahr 2000 die ersten

Baumbestattungen angeboten wurden, haben sich Tausende von Menschen für die Bestattung in der Natur entschieden. In ganz Deutschland werden immer mehr Waldgebiete von Kommunen und anderen Waldbesitzern als Beisetzungsflächen genehmigt. Private Unternehmen gestalten und betreiben diese Gebiete.

Hier kann man sich bei regelmäßigen Waldführungen den Baum aussuchen, unter dem später die eigene Urne beigesetzt wird. Ob man den Platz für sich allein beanspruchen will oder ihn mit der Familie, mit Freunden oder Fremden teilen möchte, ist eine Frage der Wünsche, der Lebensumstände und der Kosten. Für die Grabpflege jedenfalls muss nichts bezahlt werden. Sie übernimmt die Natur kostenlos.

SCHWEIGEN

Über den Wäldern schimmert bleich
Der Mond, der uns träumen macht,
Die Weide am dunklen Teich
Weint lautlos in die Nacht.

Ein Herz erlischt – und sacht
Die Nebel fluten und steigen –
Schweigen, Schweigen!
GEORG TRAKL

DER KRANKE

(NACH MILLEVOYE)

Sei mir gegrüßt, o mein geliebter Wald!
    Du Schauplatz meiner Kindheit froher Spiele,
    Zum letzten Mal gegrüßt! ich scheide bald. –
    So jung annoch, und schon am letzten Ziele!

Dein Laub wird gelb und gelber, fällt schon ab,
    Ich seh es wohl, und fühle mich gebrochen,
    Und blicke trauernd in mein frühes Grab.
    Im Sommer hat der Arzt zu mir gesprochen:

Es prangt der Wald im grünen Schmuck noch heut,
  Du siehst ihn bald sich einmal noch entfärben,
  Und wann der Herbst sein falbes Laub verstreut,
  So wirst du, Früh-Verwelkter, selber sterben.

Es ist ein Gestern worden, unerhört!
  Das Heut, wo du im grünen Schmuck gepranget;
  Herbst ists: es fällt dein Laub, wie sichs gehört,
  Und mahnt mich, dass der Tod nach mir verlanget.

O falle, Laub! ich kenne ja mein Los,
  Zu sterben ohne noch gelebt zu haben;
  Sie werden klanglos bald und namenlos
  Am Fuße dieser Eiche mich vergraben.

O falle, Laub! dem Aug entziehe du
  Der Mutter, die mit Schmerzen mich geboren,
  Die schmerzlich stille Stätte meiner Ruh!
  Sie hat die Hoffnung, unerfüllt, verloren.

Wenn aber Eine kommt, die ich gemeint,
  Und sucht den kleinen Platz in Waldesräumen,
  Und auf den Hügel sie sich wirft und weint,
  O rausche, Laub! ich werde von ihr träumen.

Er lieget nun am Fuß der Eiche dort,
  Nicht aber ist, die er gemeint, gekommen,
  Es überdecken Laub und Schnee den Ort,
  Und weit umher wird nur das Wild vernommen.

ADELBERT VON CHAMISSO

UNTEN *Schnee ist ein häufiges Motiv auf Gemälden von Caspar David Friedrich; er stellte Ruinen, Gräber, Kirchen und hier eine Eiche in winterlichem Weiß dar. Für ihn war Schnee nicht nur eine Naturerscheinung, sondern, wie ein Kritiker sagte, Symbol des schweigsamen Todes. »Um ewig einst zu leben, muss man sich oft dem Tod ergeben«, kommentierte der Maler selbst diese Bilder.*

Als jüngst die Nacht dem sonnenmüden Land
Der Dämmrung leise Boten hat gesandt,
Da lag ich einsam noch in Waldes Moose.
Die dunklen Zweige nickten so vertraut,
An meiner Wange flüsterte das Kraut,
Unsichtbar duftete die Heiderose.

Und flimmern sah ich durch der Linde Raum
Ein mattes Licht, das im Gezweig der Baum
Gleich einem mächt'gen Glühwurm schien zu tragen,
Es sah so dämmernd wie ein Traumgesicht,
Doch wusste ich, es war der Heimat Licht,
In meiner eignen Kammer angeschlagen.

Ringsum so still, dass ich vernahm im Laub
Der Raupe Nagen, und wie grüner Staub
Mich leise wirbelnd Blätterflöckchen trafen.
Ich lag und dachte, ach, so manchem nach,
Ich hörte meines eignen Herzens Schlag,
Fast war es mir, als sei ich schon entschlafen.

Gedanken tauchten aus Gedanken auf,
Das Kinderspiel, der frischen Jahre Lauf,
Gesichter, die mir lange fremd geworden;
Vergessne Töne summten um mein Ohr,
Und endlich trat die Gegenwart hervor,
Da stand die Welle, wie an Ufers Borden.

Dann, gleich dem Bronnen, der verrinnt im Schlund
Und drüben wieder sprudelt aus dem Grund,
So stand ich plötzlich in der Zukunft Lande;
Ich sah mich selber, gar gebückt und klein,
Geschwächten Auges, am ererbten Schrein
Sorgfältig ordnen staub'ge Liebespfande.

Die Bilder meiner Lieben sah ich klar,
In einer Tracht, die jetzt veraltet war,
Mich sorgsam lösen aus verblichnen Hüllen,
Löckchen, vermorscht, zu Staub zerfallen schier,
Sah über die gefurchte Wange mir
Langsam herab die karge Träne quillen.

Und wieder an des Friedhofs Monument,
Dran Namen standen, die mein Lieben kennt,
Da lag ich betend, mit gebrochnen Knieen,
Und – horch, die Wachtel schlug! kühl strich der Hauch –
Und noch zuletzt sah ich, gleich einem Rauch,
Mich leise in der Erde Poren ziehen.

Ich fuhr empor und schüttelte mich dann,
Wie einer, der dem Scheintod erst entrann,
Und taumelte entlang die dunklen Hage,
Noch immer zweifelnd, ob der Stern am Rain
Sei wirklich meiner Schlummerlampe Schein
Oder das ew'ge Licht am Sarkophage.

ANNETTE VON DROSTE-HÜLSHOFF

*Zeitlose Trauer spricht
aus dem Bild* Bemooste
Felsstücke im Wald, *das
der österreichische Realist
Carl Schuch gemalt hat.
Sein eigenes Leben war
schon früh überschattet von
Krankheit und Tod, rastlos
reiste er durch Europa. In
seiner Heimatstadt Wien
konnte er nicht arbeiten.*

Es rauschen die Bäume
So winterlich schon;
Es fliegen die Träume
Der Liebe davon.

Am Strauche hangen
Die Beerlein rot;
Durch seufzende Wälder
Schreitet der Tod.

THEODOR STORM

Rings ein Verstummen, ein Entfärben;
Wie sanft den Wald die Lüfte streicheln,
Sein welkes Laub ihm abzuschmeicheln;
Ich liebe dieses milde Sterben.

Von hinnen geht die stille Reise,
Die Zeit der Liebe ist verklungen,
Die Vögel haben ausgesungen,
Und dürre Blätter sinken leise.

Die Vögel zogen nach dem Süden,
Aus dem Verfall des Laubes tauchen
Die Nester, die nicht Schutz mehr brauchen,
Die Blätter fallen stets, die müden.

In dieses Waldes leisem Rauschen
Ist mir, als hör ich Kunde wehen,
Dass alles Sterben und Vergehen
Nur heimlichstill vergnügtes Tauschen.

NIKOLAUS LENAU

Die Herausgeberin Iris Schürmann-Mock verfasste für dieses Buch die Texte auf S.10f., 14ff., 24, 28f., 33f., 39ff., 45f., 56f., 63ff., 70f., 74f., 75, 76f., 88, 89, 90, 103ff., 112, 113, 115f., 116f., 117f., 120, 121, 122f., 124ff., 144f.

Allgemeine Verwaltungsvorschrift zur Durchführung der Bundeswaldinventur II vom 17.Juli 2000, www.bundeswaldinventur.de (S.97f.)

Arndt, Ernst Moritz: *Gedichte*, Weidmannsche Buchhandlung 1865, zitiert nach: Karl Otto Conrady (Hg.): *Das große deutsche Gedichtbuch*, Athenäum Verlag, Kronberg/Ts. 1977, S.391 (143f.)

Arnim, Achim von/Brentano, Clemens: *Des Knaben Wunderhorn*, hg. von Willi A. Koch, Nachwort von Heinz Rölleke, Artemis & Winkler Verlag, Düsseldorf/Zürich 2001, S.434f. (121f.), 695 (113f.), 835 (57)

Arnim, Bettina von: *Werke und Briefe*, Bd.5, hg. von Joachim Müller, Bartmann Verlag, Frechen 1961, zitiert nach: Gisela Henckmann (Hg.): *Mein Herz war ganz erfüllt. Romantische Reisebriefe*, Aufbau Verlag, Berlin 2000, Bd.1, S.239 (25)

Bechstein, Ludwig: *Das malerische und romantische Deutschland. Thüringen*, Verlag Lothar Borowsky, München o.J., S.75 (44f.), 123 (110)

ders.: *Deutsches Sagenbuch*, hg. von Karl Martin Schiller, F.W. Hendel Verlag, Meersburg/Leipzig 1930, S.98 (99f.), 550 (134f.)

ders.: *Sämtliche Märchen*, Winkler Verlag, München o.J., S.396 (118)

Busch, Wilhelm: *Sämtliche Werke*, hg. von Rolf Hochhuth, Bd.1, C. Bertelsmann Verlag, München 1892, S.488ff. (136ff.), 814f. (106)

Carossa, Hans: *Gesammelte Gedichte*, Insel Verlag, Leipzig 1932, S.43 (32), © bei Dr. h.c. Eva Kampmann-Carossa

Chamisso, Adelbert von: *Sämtliche Werke in zwei Bänden*, hg. von Werner Feudel/ Christel Laufert, Bd.1, Carl Hanser Verlag, München 1982, S.110f. (146f.)

Däubler, Theodor: *Dichtungen und Schriften*, hg. von Friedhelm Kemp, Kösel-Verlag, München 1956, zitiert nach: *Deutsche Gedichte*, ausgewählt und eingeleitet von Karl Krolow, Insel Verlag, Frankfurt am Main ⁶1990, Bd.2, S.656 (36)

Diederichs, Ulf (Hg.): *Wo die schönen Mädchen auf den Bäumen wachsen*, Ullstein Verlag, Berlin, Frankfurt am Main 1990, S.357f. (127f.)

Dieffenbach, Georg Christian: *60 Kinderlieder*, Verlag von C.G. Kunzes Nachfolger (W. Jacoby), Wiesbaden ⁹1913, S.72 (91f.)

Droste-Hülshoff, Annette von: *Die Judenbuche*, Verlag Philipp Reclam jun., Stuttgart 1997, S.4f. (100f.)

dies.: *Sämtliche Werke*, Carl Hanser Verlag, München 1966, S.122f. (148f.)

Ehrhardt, Heinz: *Das große Heinz Erhardt Buch*, Lappan Verlag, Oldenburg ⁴⁷1999, S.223 (43)

Eich, Günter: *Gesammelte Werke in vier Bänden*, Bd.1: *Die Gedichte. Die Maulwürfe*, © Suhrkamp Verlag, Frankfurt am Main 1991, S.45 (61), 61 (119)

Eichendorff, Joseph Freiherr von: *Werke*, Carl Hanser Verlag, München ⁴1971, S.11f. (139), 31 (24f.), 33f. (26), 304f. (135)

ders.: *Werke*, hg. von Wolfgang Frühwald/ Brigitte Schillbach/Hartwig Schultz, Bd.5, hg. von Hartwig Schultz, Deutscher Klassiker Verlag, Frankfurt am Main 1993, zitiert nach: Gisela Henckmann (Hg.): *Mein Herz war ganz erfüllt. Romantische Reisebriefe*, Aufbau Verlag, Berlin 2000, Bd.1, S.60ff. (78f.)

Fontane, Theodor: *Gedichte*, ausgewählt von Rüdiger Görner, Insel Verlag, Frankfurt am Main/Leipzig 1998, S.73f. (140f.)

ders.: *Wanderungen durch die Mark Brandenburg*, Bd.1: *Die Grafschaft Ruppin*, S.308 (18f.); Bd.4: *Spreeland*, S.102ff. (62), beide Nymphenburger Verlagshandlung, München ²1977

Goethe, Johann Wolfgang von: *Gesammelte Gedichte*, Lechner Verlag, Limassol 1993, S. 72 (42 f.), 114 (27)

Grimm, Jacob und Wilhelm: *Deutsches Wörterbuch von Jacob Grimm und Wilhelm Grimm*, 16 Bde. [in 32 Teilbänden], S. Hirzel Verlag, Leipzig 1854–1960, Quellenverzeichnis 1971, zitiert nach: *Das Deutsche Wörterbuch von Jacob und Wilhelm Grimm auf CD-Rom und im Internet*, ein Projekt des Kompetenzzentrums für elektronische Erschließungs- und Publikationsverfahren in den Geisteswissenschaften an der Universität Trier (S. 9 f.)

dies.: *Grimms Märchen. Kinder- und Hausmärchen in drei Bänden. Mit den Illustrationen von Otto Ubbelohde*, Insel Verlag, Frankfurt am Main 1984, Bd. 1, S. 78 ff. (80 ff.)

dies.: *Kinder- und Hausmärchen*, hg. von Friedrich Panzer, Nachdruck der vollständigen Ausgabe in der Urfassung, Bd. 1 (1812) und Bd. 2 (1815), zitiert nach: *Alte Märchen der Brüder Grimm. Gut fünfzig Märchen*, ausgewählt und farbig bemalt von Helga Gebert, Nachwort von Hans-Joachim Gelberg, Beltz Verlag, Weinheim/Basel 1985, S. 6 ff. (131 ff.), 67 ff. (93 ff.)

Hansen, Walter: *Das große Buch der deutschen Volkspoesie*, Gustav Lübbe Verlag, Bergisch Gladbach 1989, S. 54 (55, 73, 123), 268 (50 f.)

Hauff, Wilhelm: *Das Wirtshaus im Spessart*, Neuer Kaiser Verlag, Klagenfurt 1986, S. 45 ff. (109 f.)

Heine, Heinrich: *Die Harzreise*, Verlag Philipp Reclam jun., Stuttgart 1969, S. 49 f. (57 ff.)

ders.: *Werke*, Verlag R. Löwit, Wiesbaden o.J., Bd. 1, S. 158 (129 f.), 286 f. (12), 289 (92), 301 (144)

Hesse, Hermann: *Sämtliche Werke*, Bd. 10: *Die Gedichte*, © Suhrkamp Verlag, Frankfurt am Main 2002, S. 63 (59 f.)

Hoffmann von Fallersleben, August Heinrich: *Gedichte*, Verlag F. Fontane & Co., Berlin ¹⁰1904, S. 389 (96 f.)

ders.: *Gedichte und Lieder*, im Auftrag der Hoffmann von Fallersleben-Gesellschaft, hg. von Hermann Wendebourg/Anneliese Gerberr, Hoffmann und Campe Verlag, Hamburg 1974, zitiert nach: *Deutsche Gedichte*, ausgewählt und eingeleitet von Karl Krolow, Insel Verlag, Frankfurt am Main ⁶1990, Bd. 2, S. 497 (120 f.)

Hölderlin, Friedrich: *Werke und Briefe*, hg. von Friedrich Beißner/Jochen Schmidt, Insel Verlag, Frankfurt am Main 1969, zitiert nach: *Deutsche Gedichte*, ausgewählt und eingeleitet von Karl Krolow, Insel Verlag, Frankfurt am Main ⁶1990, Bd. 1, S. 380 (67 ff.)

Kapfhammer, Günther: *Sagen aus Bayern*, Eugen Diederichs Verlag, München 1991, zitiert nach der Taschenbuchausgabe des Rowohlt Taschenbuch Verlags, Reinbek bei Hamburg 1994, S. 179 (107), 315 f. (48 f.), © Günther Kapfhammer

Kästner, Erich: *Der tägliche Kram*, © Atrium Verlag, Zürich 1948 und Thomas Kästner (S. 54 f.)

ders.: *Doktor Erich Kästners lyrische Hausapotheke*, © Atrium Verlag, Zürich 1936 und Thomas Kästner (S. 12 ff.)

Keller, Gottfried: *Werke*, hg. von Robert Faesi, Atlantis Verlag, Zürich 1951, zitiert nach: Beate Pinkerneil (Hg.): *Das große deutsche Balladenbuch*, Beltz Athenäum Verlag, Weinheim 1995, S. 409 (108)

Kleist, Heinrich von: *Sämtliche Werke und Briefe in vier Bänden*, Bd. 4, hg. von Klaus Müller-Salget/Stefan Ormanns, Deutscher Klassiker Verlag, Frankfurt am Main 1997, zitiert nach: Gisela Henckmann (Hg.): *Mein Herz war ganz erfüllt. Romantische Reisebriefe*, Aufbau Verlag, Berlin 2000, Bd. 1, S. 99 f. (60 f.)

Kulturamt der Kreisverwaltung Perleberg (Hg.): *Der Streit um die Prignitz*, Kreisverwaltung Perleberg, Perleberg ²1996, S. 53 f. (65 f.)

Kurz, Isolde: *Gesammelte Werke*, Bd. 1: *Gedichte*, Georg Müller Verlag, München 1925, zitiert nach: Brinker-Gabler, Gisela (Hg.): *Deutsche Dichterinnen vom 16. Jahrhundert bis zur Gegenwart*, Fischer-Taschenbuch, Frankfurt am Main ²1979, S. 250 f. (69), © Dr. Dieter Kormann

Lasker-Schüler, Else: *Werke und Briefe. Kritische Ausgabe*, Bd. 1: *Die Gedichte*, © Jüdischer Verlag im Suhrkamp Verlag, Frankfurt am Main 1996 (S. 93)

Lenau, Nikolaus: *Lenaus Werke*, ausgewählt von Walter Dietze, Aufbau Verlag, Berlin/Weimar ³1981, S. 242 f. (30 f.), 250 f. (150)

Loerke, Oskar: *Die Gedichte*, © Suhrkamp Verlag, Frankfurt am Main 1958, S. 61 (90)

Märchen für die lieben Kinder, Berlin um 1900, zitiert nach: Erich Ackermann (Hg.): *Märchen und Geschichten aus Urgroßmutters Schatztruhe*, Fischer Taschenbuch Verlag, Frankfurt am Main 1990, S. 226 ff. (83 ff.)

Mayer, Karl: *Lieder 1833. Deutsche Gedichte der Romantik*, hg. von Michael Brink, Lambert Schneider Verlag, Heidelberg 1955, zitiert nach: *Deutsche Gedichte*, ausgewählt und eingeleitet von Karl Krolow, Insel Verlag, Frankfurt am Main ⁶1990, Bd. 1, S. 432 (117)

ders.: *Ludwig Uhland, seine Freunde und Zeitgenossen*, Ad. Krabbe Verlag, Stuttgart 1867, zitiert nach: Gisela Henckmann (Hg.): *Mein Herz war ganz erfüllt. Romantische Reisebriefe*, Aufbau Verlag, Berlin 2000, Bd. 1, S. 30 ff. (11 f.)

Merck, Johann Heinrich: *Fabeln und Erzählungen*, nach der Handschrift, hg. von Hermann Bräuning-Octavio, Eduard Roether Verlag, Darmstadt 1962, zitiert nach: Hans-Jörg Uther: *Fabeln*, Knaur Verlag, München 2003, S. 388 (63)

Meyer, Conrad Ferdinand: *Werke*, hg. von Heinz Schöffler, Erich Vollmer Verlag, Wiesbaden o. J., S. 48 (9)

Morgenstern, Christian: *Alle Galgenlieder*, Insel Verlag, Frankfurt am Main 1964, S. 95 (83), 97 (62 f.), 211 ff. (34 ff.), 270 (107)

Mörike, Eduard: *Sämtliche Werke*, Carl Hanser Verlag, München ³1964, S. 52 (130 f.), 74 f. (93), 75 (72 f.), 103 f. (20 ff.), 171 ff. (46 ff.)

Rilke, Rainer Maria: *Die Gedichte*, Insel Verlag, Frankfurt am Main ⁷1995, S. 155 (30), 769 (72)

Ringelnatz, Joachim: *Gedichte*, Karl Henssel Verlag, Berlin 1950, zitiert nach: ders.: *Und auf einmal steht es neben dir. Gesammelte Gedichte*, Lizenzausgabe des Deutschen Bücherbundes, Stuttgart/Hamburg/München 1950 (S. 27, aus: »Abendgebet einer erkälteten Negerin«)

Rölleke, Heinz (Hg.): *Das Volksliederbuch*, Kiepenheuer & Witsch Verlag, Köln 1993, S. 341 (136)

Rosegger, Peter: *Die Schriften des Waldschulmeisters*, Verlag von L. Staackmann, Leipzig 1914, S. 59 (89), 61 f. (76)

Schiller, Friedrich: *Die Räuber*, Verlag Philipp Reclam jun., Stuttgart 1962, S. 105 f. (51 f.)

Schlender, Timur (Hg.): *Der Schwarzwald in Mythen, Märchen und Erzählungen*, Droemersche Verlagsanstalt Th. Knaur Nachf., München 1988, S. 379 (77)

Schopenhauer, Arthur: *Parerga und Paralipomena*, Bd. 2, in: ders.: *Sämtliche Werke*, Bd. 6, hg. von Arthur Hübscher, Brockhaus Verlag, Wiesbaden ³1972, zitiert nach: *Deutsche Fabeln aus tausend Jahren*, hg. von Josef M. Werle, Wilhelm Goldmann Verlag, München 1998, S. 243 (70)

Schöppner, Alexander (Hg.): *Sagenbuch des Bayerischen Landes*, Theil 1–3, Rieger Verlag, München 1852 und 1853, zitiert nach: *Sagen aus Rheinland-Pfalz*, hg. von Rainer Schlundt, Eugen Diederichs Verlag, München ²1983, S. 239 f. (142 f.)

Simrock, Karl: *Das malerische und romantische Rheinland*, Olms Presse, Hildesheim/New York 1975, S. 443 (66 f.)

Sokolowski, Ilka: Wo ich wohne, unveröffentlichtes Gedicht, © Ilka Sokolowski (S. 18)

Stadtarchiv Bornheim: Sammlung Norbert Zerlett, Bd. 55 (S. 53 f., 101 f., 114 f.)

Stifter, Adalbert: *Der Hochwald*, Verlag Philipp Reclam jun., Stuttgart 1949, S. 55 f. (16 f.)

Storm, Theodor: *Gesammelte Werke*, hg. von Walter Zimorski, Bd. 2, Artemis & Winkler Verlag, Düsseldorf/Zürich 2000, S. 1001 (37 f.), 1040 f. (39), 1122 (150)

Tabernaemontanus (eigtl. Jacob Theodor): *Kräuterbuch*, 1613, zitiert nach: www.sagen.at/doku/hda/akelei (S. 127)

Tieck, Ludwig: *Frühe Erzählungen und Romane*, Winkler Verlag, München o.J., S.724f.(22f.)
Trakl, Georg: *Dichtungen und Briefe*, Otto Müller Verlag, Salzburg 1969, S.247 (145)
Weber, Carl Maria von: *Der Freischütz*, Verlag Philipp Reclam jun., Stuttgart 1965, S.58(111)

Wuttke, Adolf: *Der deutsche Volksaberglaube der Gegenwart*, Moritz Ruhl Verlag, Leipzig ⁴1925, S.46ff.(128f.)

Der Verlag dankt allen Autoren und Verlagen für die freundliche Genehmigung zum Abdruck. Sollten Rechteinhaber unabsichtlich nicht angesprochen worden sein, bittet der Verlag, dies zu entschuldigen. Alle Ansprüche bleiben gewahrt.

BILDNACHWEIS

o. = oben, u. = unten, r. = rechts, l. = links, M. = Mitte

Einbandvorderseite Frank Buchser: *Am Waldrand*, 19.Jh. (Ausschnitt); **S.1** *Brockhaus Conversations-Lexikon: Eiche*, 1837; **2** Fotografie: *Lesen im Wald*, um 1930, Foto: akg-images Berlin/Imagno/Anonym; **3** Liebig Fleisch-Extract, Sammelbild aus der Reihe *Klettervögel: Kuckuck* (Ausschnitt); **4** von unbekannt: Schattenriss einer Fichte; **5** Gustav Kampmann: *Rittnerwald im Herbst*, 1893, Foto: akg-images Berlin; **6** Hans Thoma: *Im Sonnenschein*, 1867; **8** Carl-W. Röhrig: *Eichenwald*, 1984 (Ausschnitt), Foto: akg-images Berlin; **9o.** Prof. Dr. Otto Wilhelm Thomé: *Flora von Deutschland, Österreich und der Schweiz: Stieleiche*, 1885 (Ausschnitt); **9u.** Otto Pfeiffer: *Märchenwald*, um 1910; **11** Caspar David Friedrich: *Riesengebirge (vor Sonnenaufgang)*, 1830–1834; **12** *Brockhaus Conversations-Lexikon: Nachtigall*, 1837; **13** Hans Thoma: *Auf der Waldwiese*, 1876, Foto: akg-images Berlin; **14** Ansichtskarte: *Lehde, Flusspartie mit Häusergruppe im Spreewald*, um 1930; **15** *Meyers Großes Konversations-Lexikon: Spitzahorn (acer platanoides), Zweig mit Frucht und Blüte*, 1905; **17** Caspar David Friedrich: *Mann und Frau den Mond betrachtend*, um 1830–1835; **18–19** Walter Leistikow: *Märkischer See*, 1900, Foto: akg-images Berlin; **20** Albert Hendschel: *Schneewittchen im Sarg*, 1862 (Ausschnitt), Foto: akg-images Berlin; **21** Moritz von Schwind: *Von dem Machandelbaum*, 19.Jh.; **22** Ludwig Richter: *Der Knabe und der Specht*, 19.Jh.; **23** Carl Spitzweg: *Schulkinder im Walde*, 1862 (Ausschnitt); **24** Moritz von Schwind: *Auf der Wanderschaft*, 19.Jh.; **25o.** Fotografie: *Naturgesicht*, © Susie Südstadt; **26–27** Caspar David Friedrich: *Der Abend*, 1821 (Ausschnitt); **28** Josef Wagner-Höhenberg: *Das Violinkonzert*, 1911, Foto: akg-images Berlin; **29** Ansichtskarte: *Lichtenberg im Odenwald, Panorama*, um 1900; **30** Théophile Alexandre Steinlen: *Bauer und Baum*, um 1900; **31** Valentin Ruths: *Der Herbst*, 1881, Foto: bpk/Hamburger Kunsthalle/Elke Walford; **32** Carl-W. Röhrig: *Im Winterwald*, 1986, Foto: akg-images Berlin; **33o.** Fotografie: *Naturgesicht*, © Susie Südstadt; **33u.** Ansichtskarte: *Forstarbeiter im Thüringer Wald sägen Holzstämme*; **34** Caspar David Friedrich: *Ziehende Wolken (Wolken über dem Riesengebirge)*, 1821; **35o.** Foto: fotolia/blue eye; **36** Ansichtskarte, um 1909 (Ausschnitt); **37** Carl Spitzweg: *Jäger mit Hund im Wald*, 1865 (Ausschnitt); **38** Karl Friedrich Schinkel: *Waldlandschaft*, 1818–1820; **39** Fotografie: *Wandervögel mit Instrumenten*, um 1910, Foto: akg-images Berlin; **40o.** Ansichtskarte: *Hexentanzplatz vom Hirschgrund gesehen und Rosstrappfelsen*, um 1904; **40u.** Ansichtskarte: *Treseburg, Blick vom Rennstieg*, um 1900; **41** Ansichtskarte: *Auf dem Weg, Wanderer im Wald*; **42** Ansichtskarte: *Bad Wildbad, Ansicht von Nordwesten*; **43o.** Franz

Xaver Petter: *Waldblumen*, 1852 (Ausschnitt); **43 u.** Foto: fotolia / Scott Maxwell; **44** Walter Leistikow: *Thüringer Wald*, um 1902, Foto: akg-images Berlin; **45** Ansichtskarte: *Manebach-Kammerberg, Totalansicht mit Thüringer Wald*, um 1926; **46–47 u.** Foto: fotolia / Leo Blanchette; **47 o.** Alfred Brehm: *Brehms Thierleben*, 1892, Tafeln zu Bd. 9: *Herrschaft der Fliegen*; **49** Louis Kramp: *Die Wilddiebe*, um 1830; **50** Hans Ulrich Franck: *Räuberischer Überfall*, 1643, Foto: akg-images Berlin; **51** Johann Heinrich Ramberg: Kupferstich zu Friedrich Schillers *Die Räuber* (2. Akt, 3. Szene), 1816, Foto: akg-images Berlin; **52** Fotografie: *Naturgesicht*, © Susie Südstadt; **53** Ludwig Richter: *Alte Eichen bei Schwanheim*, 1862; **54** Ferdinand Georg Waldmüller: *Baum am Bach*, um 1831; **56** *Meyers Großes Konversations-Lexikon*: *Fichte (Picea excelsa)*, 1905; **57** von unbekannt: *Tanne*; **58–59 o.** Caspar David Friedrich: *Felspartie*, 1811 (Ausschnitt); **59 u.** Ansichtskarte: *Schwarzwald, Höllental bei der Ravennaschlucht*; **60 o.** *Meyers Großes Konversations-Lexikon*: *Edeltanne (Abies alba, A. pectinata)*, 1905; **60–61 u.** Franz Marc: *Junge Lärche auf einer Waldwiese*, 1908 (Ausschnitt), Foto: akg-images Berlin; **63** Albrecht Altdorfer: *Kleine Fichte*, 1522–1523; **64** Peter Flötner (1490–1546): *Kartenspiel*, 16. Jh.; **65** von unbekannt: *Landschaft mit absterbender Eiche*, um 1840–1850; **66** *Meyers großes Konversationslexikon*: *Frucht* (der Sommereiche), 1905; **67** von unbekannt: *Eichenwald*, Ende 19. Jh.; **68** Eugen Bracht: *Eichen im Wechselburger Park*, 1904; **69** Ludwig Richter: Illustration zu: Joseph von Eichendorff: *Waldeinsamkeit*, Holzschnitt o.J., um 1910; **70 o.** Ansichtskarte: *Bad Brückenau, 1000-jährige Eiche*; **71 o.** Adalbert Stifter: *Baumstamm*, um 1833–1835; **72 o.** Fotografie: *Naturgesicht*, © Susie Südstadt; **73 u.r.** *Meyers Großes Konversations-Lexikon*: *Gemeine oder Rotbuche (Fagus silvatica)*, 1905; **74** Alfred Brehm: *Canis Lupus*, aus: ders.: *Brehms Thierleben*, Leipzig 1884; **75** a.a.O.: *Brauner Bär (Ursus arctos)*; **76** Bildpostkarte: *Rehe am Waldesrand*, um 1900; **77** Friedrich Gauermann: *Weißer Hirsch und Hirschkuh in alpiner Landschaft*, 19. Jh.; **78** Lucas Cranach d.Ä.:

Wildschwein, Kupferstich, um 1525/1530; **79** Adolf von Menzel: *Nacht im Wald*, 19. Jh. (Ausschnitt); **80** Carl Spitzweg: *Geigender Einsiedler*, vor 1863; **81** Ansichtskarte: *Fuchs mit erlegtem Hasen im Schnee*; **82** Feldhase, o.A.; **84** Ansichtskarte: *Tanzende Grashüpfer*, 1928 (Ausschnitt), Foto: picture-alliance / Mary Evans Picture Library; **85** *Tierbuch des Petrus Candidus*, 1460, Illustration, 16. Jh.; **86 o.** *Meyers Großes Konversations-Lexikon*: *Speiteufel (Russula emetica)*, 1905; **86–87 u.** Hans Hoffmann: *Hase im Wald*, um 1585 (Ausschnitt); **87 M.** *Tierbuch des Petrus Candidus*, 1460: *Frosch (Rana parua)*, Illustration, 16. Jh.; **88** *Meyers Großes Konversations-Lexikon*: *Eine Kolonne von Eciton auf dem Marsch*e, 1905; **90 u.** Alfred Mailick: *Vogel am Vogelhaus im Frühling*, um 1901 (Ausschnitt); **91** *Brockhaus' kleines Konversations-Lexikon*: *Einheimische Singvögel*, 1911; **92** Ludwig Richter: *Liebesglück*, 1857; **93** von unbekannt: *Kuckuck (Cuculus canorus)*; **94** Dora Polster: *Jorinde und Joringel*, 1911, Foto: INTERFOTO / Bildarchiv Hansmann; **95** Arthur Rackham: *The owl into which Jorinda has been transformed* (sic), Foto: INTERFOTO / Mary Evans Picture Library; **96** Johann Friedrich Naumann: *Naturgeschichte der Vögel Mitteleuropas*, Bd. I, Tafel 3: *Nachtigall*, Gera 1905; **97** Ansichtskarte: *Holzfäller stapelt Holz im Wald, Pferdegespann*, um 1905; **98** Otto Strützel: *Im Walde*, 1885, Foto: akg-images Berlin; **99** *Buch der Weisheit der alten Meister*: *Brennholz*, Holzschnitt, 1483; **100** François Grenier: *Arme Witwe, mit ihren Kindern beim Reisigdiebstahl überrascht*, 1850, Foto: akg-images Berlin; **101** Ferdinand Hodler: *Der Holzfäller*, 1910; **102 o.** Hermann Vogel: *Die Waldhexe*, 1890, Foto: akg-images Berlin; **102 u.l.** von unbekannt: *Fichtenharzgewinnung*; **102 u.r.** Köhler; **103 u.l.** Köhler, fertiggestellter Meiler, 1870er Jahre; **103 u.r.** Ansichtskarte: *Förster an der Futterstelle für die Rehe auf der Lichtung*, um 1906; **104 u.r.** Liebig Fleisch-Extract, Sammelbild: *Das Holz*; **105 u.l.** Ansichtskarte: *Holzschneidemühle im Schwarzwald*; **105 u.r.** Liebig Fleisch-Extract, Sammelbild: *Floß auf der Isar*; **106** Ansichtskarte, aus der Serie *Charakterköpfe*: *Alter Jäger mit Gewehr und*

Pfeife, um 1914; **107 o.** von unbekannt: Fabelwesen; **107 u.** Fotografie: *Naturgesicht*, © Susie Südstadt; **108** Akseli Gallen-Kallela: *Verloren*, 1886, Foto: akg-images Berlin; **109** Ansichtskarte: *Triberg im Schwarzwald, Wanderer am Wasserfall*, um 1926; **110** *Tierbuch des Petrus Candidus*, 1460: Dachs, Illustration, 16.Jh.; **111** Wilhelm Leibl: *Auf der Jagd*, 1888; **112** *Der Wolpertinger (Crisensus bavaricus)*, 19.Jh., Foto: INTERFOTO / Sammlung Rauch; **113 o.** *Gemeiner Wacholder (Juniperus communis)*, 1897; **113 u.** Sammelbild: *Der heilige Hubertus als Patron der Jäger*, 1890, Foto: akg-images Berlin; **114** Heinrich Hoffmann: *Der Struwwelpeter: Die Geschichte vom wilden Jäger*, 1847, Foto: akg-images Berlin; **115** Frank Buchser: *Am Waldrand*, 19.Jh.; **116** Prof. Dr. Otto Wilhelm Thomé: *Flora von Deutschland, Österreich und der Schweiz: Allium ursinum. Bären-Lauch* und *Allium nigrum. Schwarzer Laucher*, 1905; **117** Liebig Fleisch-Extract, Sammelbild: *Was der Wald den Kindern schenkt. Erdbeeren*; **118** *Echter Holdunder (Sambucus Nigra)*; **119** Ludwig Richter: *Eins ins Töpfchen, zwei ins Kröpfchen*, kolorierte Xylografie, 1869, Foto: INTERFOTO / Bildarchiv Hansmann; **120 o.** *Haarige Hundsrose (Rosa hybrida dumetorum)*; **120 u.** Ansichtskarte: *Hagebutten mit Blättern*, um 1905 (Ausschnitt); **121** Brombeere, o.A.; **122 o.** Carl Spitzweg: *Der verliebte Jäger*, 1849; **122 u.** *Meyers Großes Konversations-Lexikon*: Steinpilz (*Boletus edulis*), 1905; **123** von unbekannt: Walnussbaum, um 1890; **124 M.l.** Franz Bley: *Botanisches Bilderbuch für Jung und Alt*, Tafel 27: *Gemeiner Baldrian (Valeriana officinalis L.)*, 1897; **124 u.l.** Joseph Jakob Plenk: *Icones plantarum medicinalium secundum systema Linnaei digestarum*, Bd. 5: *Rubus fructicosus L. (Die Brombeere)*, Wien 1788–1812, Foto: akg-images Berlin / Cameraphoto; **124–125 M.**

Wünschelrutengänger mit gegabeltem Ast auf der Suche nach Wasser und Erzen, Kupferstich, 1733; **125 o.r.** Johann Georg Sturm: *Deutschlands Flora in Abbildungen*, Tafel 40: *Kleine Brennnessel (Urtica urens)*, 1796; **125 u.r.** Prof. Dr. Otto Wilhelm Thomé: *Flora von Deutschland, Österreich und der Schweiz: Stieleiche*, 1885; **126 o.** a.a.O.: *Haselstrauch*; **126 M.** *Deutschlands Flora in Abbildungen*: Heidelbeere (*Vaccinium myrtillus*), 1796; **126 u.** a.a.O.: *Echter Holunder (Sambucus nigra)*; **127** Fotografie: Gesundheitseiche, Barther Stadtforst, 1920er Jahre; **128** *Das kleine Kartenspiel: Tierdame*, um 1460–1467; **129** Max Klinger: *Bär und Elfe*, 1880; **130 o.** Franz Zuber-Bühler: *Die Morgenelfe*, 1870; **130-131** Ludwig Emil Grimm: *Die hohle Eiche bei Willinghausen*, 1824; **131 o.** Elsbeth Forck: *Elfe spielt Geige für die Blumen*; **132** Bildpostkarte: *Zwerg auf Fliegenpilz*, um 1900; **133** von unbekannt: Waldtiere (spätes Mittelalter); **134–135** Moritz von Schwind: *Erscheinung im Walde*, 1858, Foto: akg-images Berlin; **135** Philipp von Foltz: *Die Loreley*, 1850, Foto: akg-images Berlin; **136 M.l.** von unbekannt: Hänsel und Gretel, 19.Jh.; **137– 138** Wilhelm Busch: *Bilderpossen*, 1864 (Teile); **139** Wilhelm Busch: *Düsterer Waldrand*, 1890, Foto: akg-images Berlin; **140– 141** Moritz von Schwind: *Der Erlkönig*, um 1860 (Ausschnitt), Foto: akg-images Berlin; **142** Johann Christian Reinhart: *Sturmlandschaft*, 1824; **143** Fotografie: *Naturgesicht*, © Susie Südstadt; **144** Johann Heinrich Füssli: *Titania liebkost Zettel mit dem Eselskopf* (Ausschnitt: Elfe), 1793-94; **145** Wilhelm Georgy: *Mondsichel über dem Weiher*, 1875, Foto: bpk; **146** von unbekannt: Ruinen im Wald; **147** Caspar David Friedrich: *Eiche im Schnee*, um 1827; **148** Carl Schuch: *Bemooste Felsstücke im Wald*, Ende 19.Jh.; **151** Wilhelm Busch: *Herbstwald*, 19.Jh.

INHALT

IRIS SCHÜRMANN-MOCK, geboren 1947 in Duisburg, war Redakteurin bei verschiedenen Zeitungen und Zeitschriften und ist Autorin zahlreicher Bücher. Bei Gerstenberg veröffentlichte sie *Mythische Orte* und *Mein Herz tanzte mit ihr durch das Land*. Sie lebt als freiberufliche Autorin in Bornheim bei Bonn.

Schreibweisen und Zeichensetzung der Texte entsprechen weitgehend der Textform in den zitierten Quellen. Der besseren Lesbarkeit willen wurden sie teilweise behutsam den heutigen Regeln angepasst.

Copyright © 2011 Gerstenberg Verlag, Hildesheim
Alle Rechte vorbehalten
Typografie, Gestaltung und Einbandgestaltung:
Magdalene Krumbeck, Wuppertal
Satz aus der Janson Text
Lithografie: PPP Pre Print Partner, Köln
Druck und Bindung: Tlaçiarne BB, Banská Bystrica
Printed in Slovakia
ISBN 978-3-8369-2638-6

www.gerstenberg-verlag.de